检验检测机构质量管理实务

邱令冰 著

北京工业大学出版社

图书在版编目（CIP）数据

检验检测机构质量管理实务 / 邱令冰著. — 北京：北京工业大学出版社，2025.7重印

ISBN 978-7-5639-6479-6

Ⅰ．①检… Ⅱ．①邱… Ⅲ．①质量检验机构－质量管理－研究－中国 Ⅳ．① F279.23

中国版本图书馆 CIP 数据核字（2019）第 019521 号

检验检测机构质量管理实务

著　　者：	邱令冰
责任编辑：	张　娇
封面设计：	点墨轩阁
出版发行：	北京工业大学出版社
	（北京市朝阳区平乐园 100 号　邮编：100124）
	010-67391722（传真）　bgdcbs@sina.com
经销单位：	全国各地新华书店
承印单位：	三河市元兴印务有限公司
开　　本：	880 毫米 × 1230 毫米　1/32
印　　张：	4.75
字　　数：	120 千字
版　　次：	2021 年 10 月第 1 版
印　　次：	2025 年 7 月第 4 次印刷
标准书号：	ISBN 978-7-5639-6479-6
定　　价：	36.00 元

版权所有　翻印必究

（如发现印装质量问题，请寄本社发行部调换 010-67391106）

前言
PREFACE

　　近年来,随着我国检验检测市场逐步放开,各行业检验检测机构迅速增加。如何完善检验检测机构质量管理体系,最大限度地提升检验检测水平,确保检测数据质量,为各类科研项目、规划建设、产品品质保证等提供科学依据,从根本上提升检验检测机构服务的科学化、规范化、制度化和系统化水平,已是当务之急。

　　质量管理一般包括质量方针和目标的制定、质量策划、质量控制、质量保证以及质量改进等活动。它起到了指挥和协调各组织运行的作用。然而,质检机构的管理是由体系文件来体现的,体系文件通常由《质量手册》《程序文件》《作业指导书》以及《质量记录》构成。它是指导质检机构高效工作的有力工具,更是规范化管理不可缺少的文件。

　　检验检测数据的准确、可靠是检验检测机构存在的基础,而要做到检测数据的精准、可靠,先要做到的就是质量管理。做好质量管理工作,实际上就是在质量体系的框架下采取有效质量控制手段,做好质量保证工作,实现质量管理体系持续、有效地完善和运行。本书针对检验检测机构质量管理与大家进行交流探讨。

检验检测机构质量管理是一项系统性非常强的工作,该项工作涉及检验检测机构活动的方方面面,是决定检验检测机构的生存命脉。在检验检测机构发展和运行过程中,做好质量管理也是一项重中之重的工作。那么,如何做好检验检测机构质量管理工作呢? 首先,领导层要在思想上、行动上高度重视,制定出切合实际的质检方针和目标,以及有针对性的体系文件,做好各个部门之间的协调工作,做好内审以及管评工作,以保证质量管理体系有效运行,持续改进;其次,要做好质量控制和质量保证工作,日常工作一定要严格按照质量体系要求进行,人、机、料、法、环各个环节都严格按照程序执行,做到有规定、可追溯;最后,要时刻加强宣传工作,增强全体员工的参与意识,在工作中不断发现问题、纠正问题,持续地完善并改进质量管理体系,使其有效运行。

　　本书共五章,主要包括检验检测机构质量管理体系研究、检验检测机构体系运行管理、检验检测机构检测过程管理、检验检测机构信息管理系统、检验检测机构质量管理优化策略。本书内容完整,知识讲解深入浅出,通过介绍检验检测机构质量管理工作的方法,帮助检验检测机构提高质量管理水平。

　　由于作者水平有限,书中难免存在不足之处,恳请各位读者批评指正。

第一章 检验检测机构质量管理体系研究 ········1
 第一节 检验检测机构质量管理体系概述 ········3
 第二节 质量管理体系的运行和规范化 ········12

第二章 检验检测机构体系运行管理 ········17
 第一节 质量管理体系建立和认证 ········19
 第二节 实验室建设 ········26
 第三节 人员管理 ········33
 第四节 仪器设备购置与管理 ········41
 第五节 检测报告管理 ········47
 第六节 档案管理 ········52

第三章 检验检测机构检测过程管理 ········57
 第一节 抽样和样品管理 ········59
 第二节 试验仪器设备检定校准和量器校准的注意要点与
     影响因素 ········66

第三节 计量仪器检定 ··· 77

第四节 试剂和标准物质的选择与使用 ··· 82

第五节 检测方法的确认和验证 ·· 88

第六节 检测过程质量控制 ·· 92

第七节 数据处理和审核 ·· 97

第八节 原始记录管理 ·· 104

第四章 检验检测机构信息管理系统 ·· 109

第一节 信息化应用概述 ·· 111

第二节 完善信息管理的必要性、存在的问题与完善方法
 ·· 115

第三节 信息管理系统总体框架 ·· 119

第四节 信息管理系统设计与应用 ·· 126

第五章 检验检测机构质量管理优化策略 ···································· 131

第一节 质量管理研究 ·· 133

第二节 质量管理优化对策——以环境监测质量管理为例
 ·· 138

参考文献 ·· 143

第一章 检验检测机构质量管理体系研究

第一节 检验检测机构质量管理体系概述

随着我国经济的发展，各类商品质量检测逐步迈向规范化、标准化，覆盖各个行业的检验检测机构也应运而生。只有取得检验检测机构认证资格的机构才可以从事相关产品的检验工作，这也是判断一个检验机构是否合法的参考基础。但目前的一些检测机构在检测效果、检测质量以及自身质量管理体系方面还存在着诸多问题，为了确保检测结果的公正、可靠和有效性，企业必须制定合理的质量管理体系，为检测结果提供支持。然而在实际运作过程中，质量管理体系也存在一些问题，下面就相关问题进行简要分析。

一、质量管理体系的概念

质量管理体系在检测机构中具有十分重要的地位，其关系到检测结果的正确性和权威性，在质量把控方面起到指挥作用，并且扮演着控制组织的角色。质量管理体系往往是组织内部为了实现质量目标和企业自身质量管理方式，结合行业管理要求以及机构本身的运行方式制定的，是机构的一种战略方面的必要决策。其通过把资源和过程相结合，运用过程管理方法实现目标的系统管理策略，通常包含与管理活动，资源提供，产品实现以及测量、分析和改进活动相关的过程。质量管理体系在实际工作中主要以文件的方式体现。在实际工作中工作人员要保证质量管理体系所有环节衔接无误，以减少出现不必要的错误,提高检测效率。

一个合格的实验室或检定校准机构通常需要取得实验室计量认证资质(CMA)和实验室认可资质(CNAS)。前者为实验室资质认定的范畴,后者为国家实验室能力认可范畴。另外,部分实验室还可获得授权认可资质(CAL)。无论取得何种资质,实验室的建立和运行都离不开质量管理体系的建立和有效运行。

实验室质量管理体系建立的现行有效依据是《检测和校准实验室能力的通用要求》(GB/T 27025—2008)(以下简称"通用要求"),该要求是确保实验室正常运行的唯一准则。质量管理体系建立的好坏直接决定实验室的质量水平。

二、质量管理体系涵盖的内容

质量管理体系按照通用要求的规定,主要分管理要求和技术要求两方面。其中管理要求包含15个要素,技术要求包含10个要素,每个要素都是质量体系的一部分。质量管理体系能够正常运行就需要工作人员正确理解体系要求,确保质量管理体系的各个要素衔接妥当,避免走弯路。

(一)管理要求方面

1. 组织要求

组织要求是管理要求最基本的层面,是需要机构管理者重点考虑的方面,其要求"结构层次鲜明,人员职责明确",对于第三方检测机构,应有翔实的文件能够证明其"独立性、公正性和保密性"。"独立性、公正性"是对最高管理者提出的要求,"保密性"是对实验人员和机构提出的要求。同时,监督部门应对各类检测活动和人员培训等活动进行充分监督,只有监督才能保证质量体系的持续有效性。

2. 管理体系

管理体系是按照一定架构制定的明确责任、承诺的文件。其规定了技术管理者和质量主管的作用和责任，明确了"政策、制度、各类计划、程序和指导书"等主要内容。

3. 文件控制

文件控制程序就是要确保文件满足唯一性、现行有效性和全面性三个基本要求。唯一性要求文件不能重复制定，避免繁杂无章；现行有效性要确保使用的标准、文件、指导书和记录的现行有效，并且要使它们全部处于受控状态；全面性是指受控范围的全面性。

4. 评审

评审是实验室和客户之间建立的一种合作机制，评审的过程是合同相关方就合同内容进行商定并相互确认。客户委托检测时填写的委托书就是一份评审合同，委托书中不仅要明确双方的要求，同时对于检测过程的重大变化、分包等事项都要进行记录，过程中如有任何偏离，实验室要及时通知客户，合同的修改也要重新进行评审并保留记录，还要通知所有受到影响的人员。

5. 分包

分包是检测过程中因设备等因素不满足要求时采取的一种行为，只有特定的检测项目才可以考虑分包，比如耐火极限的参数全国很多检测机构都没有相应检测能力，这种情况就需要考虑分包的可能，当该类项目分包时应保存分包方登记表和能力方面的证明记录。

6. 采购

采购分为两个方面：仪器设备的供应采购和检定校准设备的计量服务。

仪器设备合格供应方的选择应重点评价其生产经营资质及计量许可方面的能力，主要包括营业执照、计量许可证等。检验检测机构所采购的设备应确保在其营业执照经营范围内，并且所购设备也是计量合格证范围内所列设备。在设备购置前只进行一次有效评价即可，而对于检测用试剂和消耗品应建立长期的跟踪评价，比如网格布耐碱性用到的碱和燃烧性能中用到的各类气体等。

对于设备计量检定服务，应重点考察通过计量认证和实验室认可通过的项目、计量授权区域的有效性。一般情况下，省内的计量检定单位计量授权区域一般是本省内，并且服务方的评价应连续，当计量服务方复评审后应重新对其进行评价。

7. 服务客户

实验室的检测活动就是要为客户提供优质的服务，该服务包括检测过程中的沟通以及后续向客户征求意见反馈等。前者主要是检测过程中的服务，因设备、人员、环境等因素导致的偏离或其他不可预知的事项时，应及时与客户建立沟通联系，但必须确保为客户保密；后者主要是检测完成后的后续服务，客户反馈的意见可以帮助实验室改进检测和校准中存在的不足之处，以使检测活动更加有效。

8. 投诉

投诉是客户对检测活动和结果不满意的表现形式之一。正确处理客户投诉才能更好地改进检测校准机构的质量管理体系。检验检测机构不应限定投诉的形式，可以是电话、邮件、口头或书信等方式。当有投诉时，检验检测机构应保存针对投诉所开展的必要调查记录，并提出具体的纠正措施然后保留记录。

9. 不符合测试和（或）校准工作的控制

不符合测试主要是指因人员、设备、标准和环境等方面对结果产生了不良影响，无论何种原因，都应暂停检测或校准工作，立即采取纠正措施并保留纠正措施记录。

10. 改进措施

改进措施一般是解决内外审工作中发现的不符合项，不符合项的整改过程就是持续改进的过程，检验检测机构应记录详细的改进过程，改进后要进行必要的验证，以确保持续改进是有效的。

11. 纠正措施

提出纠正措施至少需要关注以下五个方面的内容。

①方式：可以采取人员观察、内外审、管理评审和客户反馈等方式；

②原因：查找根本原因和分析潜在原因；

③措施：采取的纠正措施要合理，具有明显的效果，并且要预防再次发生的可能性；

④监控：应确保纠正措施是有效的；

⑤附加审核：当出现的问题比较严重，或对检测业务产生危害时，相关人员应讨论附加审核的可能性。

12. 预防措施

预防措施是对各类风险的预先识别，风险不一定发生，但应制订计划，保留实施和监控的记录。

13. 记录的控制

各类记录要求原始，可以溯源，错误修改处应划改并签名，不能擦涂，确保信息完整性和保密性。

14. 内部审核

内部审核一般每年一次，评审的内容要包含全部要求，评审人员应独立于被审核的活动，内审活动应具体有效，对发现的问题要采取纠正措施并通过验证，做到持续改进。

15. 管理评审

管理评审一般12个月开展一次。要从总体上全面要求，采取必要的措施并有效实施，以保证质量体系的稳定运行。

（二）技术要求方面

1. 总则

检测人员应根据各因素对总的测量不确定度的影响程度，采取合理的方式，尽可能地降低测量不确定度。

2. 人员

人员在培训时要接收必要的监督，同时管理人员要用合理的方法评价培训的有效性。对于特定工作的人员除进行资格确认外，监督员应对其监督并形成监督记录，以确保其有能力胜任工作。对于特殊类型的工作，比如抽样、检测和(或)校准、操作特殊类型的设备、签发报告和证书、做出评价和说明等活动，都需要有管理层的授权。

3. 设施和环境条件

设施和环境条件要有利于测试或校准的正确进行。必要时，应对环境条件进行监控记录，并有效隔离互不相容的工作区域，控制无关人员进入或使用对检测质量有影响的区域，必要时可制定特殊的工作程序。

4. 检测和校准方法的确认

对于标准方法的选用，首选国际、区域或国家标准方法，其次是行业标准，再次是地方标准，最后是企业标准；当选用非标方法时，须经过客户同意并进行确认，当采用第三方检测机构制定的方法时，事先要有计划，一般是针对特定项目的检测。

5. 设备

所有设备均应通过授权才能使用，每台设备都要张贴"校准状态标识"和"唯一性标识"，并制订合理的校准计划，设备校准应确保满足服务方计量授权范围和授权区域；检定或校准的结果在经过结果确认后才能正常使用，当设备出现缺陷或偏离规定极限时应进行检查，并实施"不合格工作控制"程序。

6. 测量溯源性

对于导热系数检测设备，目前为止国家或行业层面没有发布相关的检定计量规程，目前有的实验室也仅能溯源到有证标准板，期待不久的将来能有国家或行业的检定规程发布实施。对于经过评价仍不能找到合格服务方的设备，可以通过核查方法对设备进行量值溯源，但不推荐使用此方法，因为其风险较大。

7. 抽样

事先需要确定取样计划和程序，工作人员要详细记录客户对取样程序的偏离、增补或删改等要求并通知有关人员，同时应确保取样记录的完整性。

8. 检测和校准物品的处置

此过程主要包含检测和校准前、检测和校准中、检测和校准后三个阶段的内容。

检测和校准前，样品需要有运输、接收等程序；检测和校准中，样品需要有样品接收记录，同时还要有样品标识，以表明样品的分组及传递情况，在检的样品要有储存设施及相关安全措施；检测和校准后，样品需要有处置、保护、储存、保管或弃置程序。

9. 检测和校准结果质量的保证

其主要有两个方面的要求，一是有效性的常规监控；二是通过评审对发现的问题及时提出纠正措施。质量控制程序和合理的结果记录方式是控制结果有效性的基本要求，质量控制程序和原始记录设计要全面、合理。

10. 结果报告

结果报告主要是数据和内容方面的要求，数据要"准确、清晰、明确、客观"，内容符合标准规范的要求。

三、质量管理体系的现状

目前,由于各方面因素的制约,以及检验检测机构自身有不健全、不规范的方面,因此还存在很多限制机构质量管理体系正常运行的问题。主要表现在以下几个方面。

(一)组织结构设置不合理

检验检测机构目前还存在组织结构划分模糊、职责以及部门权利与义务划分不合理的现象,直接影响着检测机构的工作效率,制约了机构的长远发展。因此,为了使机构更加具有活力和竞争力,企业需要制定合理且符合自身业务发展需要的组织结构布局,必须明确各个部门、各个岗位人员的具体职责和义务,充分调动各部门的工作能动性,使大家最大限度发挥自己的能力,为企业发展贡献力量。

(二)领导层重视度不够

领导层是一个企业的灵魂,把控着企业发展的整体方向,并且对企业整个质量体系的建设情况负全面责任。现在市场上的检验检测机构在质量管理体系方面做得还不够好的原因,有一大部分来自企业领导的态度。由于行业处于发展阶段,领导层往往对质量管理体系方面的重视度不够,最终导致检验结果达不到预期效果。好的管理者应该注重质量体系建设,并在遵守相关法律法规的前提下,制定一套适合自身发展的质量管理系统,并且严格按照要求执行日常检测工作,确保检测结果的可靠性。

(三)质量管理体系文件宣传贯彻执行不到位

由于检验检测机构管理的不规范性,企业在质量管理体系相关规章制度、文件精神的宣传贯彻与传输方面做得还不到位。部分企业只是口头上通知工作人员,并没有进行具体内容的集中学习和分享，导致员工对质量管理体系文件精神没有深入了解和掌握，进而影响到检验工作的实际效率，更重要的是员工对于检测结果的准确性也不能很好的保证。针对这一现象，企业应该对规章制度、文件内容的学习加以重视，提高检测人员的责任意识，必要时可组织会议进行探讨学习，提高员工的工作热情和参与度，进而更好的工作。

（四）人员流动性大，专业人员职业素养有待提升

人才是一个企业发展的核心动力，只有拥有一支各方面能力过硬的专业队伍，企业才会充满活力和竞争力，同时人才也是工作效率、检验结果权威性的强有力保证。然而目前检验工作人员的流动性还比较高，导致检测机构的核心竞争力存在很大的不稳定因素并且部分专业检测工作人员还存在专业技能不足的问题。检验检测机构的工作重点在被检物品的筛查和检验方面，检验机构需要做到快速、准确地为客户提供正确、可靠、科学的测试数据。为获得正确、合理的检验数据，检验检测机构必须加强人才队伍培养，注重学习专业领域的前沿技术方法，加强理论知识培训工作的开展。通过科学的方法监管，合理的优化自身资源，做到人才合理分配，工作效率最大化。

（五）设备动态管理不到位

检测设备是检验工作必不可少的工具，然而目前企业往往缺失对设备的动态管理。随着使用时间的加长，设备会出现损耗或其他问题，这就需要检验检测机构对设备加强监督管理，对设备的质量保持时刻关注。目前检验检测机构大多存在设备监管不到位的现象，因此为了更好地合理利用设备，就需要加强设备管理方面的规范性、合理性。

首先，要对机构所有检测设备实行档案化管理，为设备建立对应的台账记录，将设备的具体信息，如出厂日期、标准参数、厂商

名称等信息录入台账。其次，加强设备的分类管理，应根据其型号、测量对象等特点进行归类，方便后续检测工作的顺利开展以及设备的合理维护。最后，对设备要进行定期检修，保证检测设备的安全、良好运行。

建立一个合理、良好的质量管理体系是检验检测机构是否能够蓬勃发展的前提条件。本书对市场上检测机构质量体系运行中常见的一些问题进行分析，希望相关方能重视质量体系的建立，在规避或者降低一些常见问题出现概率的基础上，建立一套符合自身发展的、完善的、可持续的质量管理体系，进而提升企业检测结果的权威性，为企业的长远发展打好坚实基础。

第二节 质量管理体系的运行和规范化

随着第三方检测机构硬件实力不断增强，其相应的管理水平却远远跟不上实验室发展需要，从而阻碍了实验室检测水平进一步提升，因此提高实验室的管理水平迫在眉睫。建立全面质量管理体系并使其有效运行，保证实验室检测工作的公正性与数据的准确、有效性，既是实验室自身发展需要，也是外界环境的客观要求。

实验室质量管理体系建立是一项系统且复杂的工程，需要有关人员对实验室运行的整体和细节进行了解与准确把握。从广义的方面来说，体系的建立主要包括四个步骤，即策划与准备质量体系、编写质量管理体系文件、试运行质量管理体系、评价与完善质量管理体系。然而，每个实验室都有其自身特征，因而实验室在进行质量管理体系的建立、完善的过程中,要依据自身的具体情况和不同特点,采取不同的步骤和方法,建立一套和实验室相适应的、有效的质量管理体系。

一、质量管理体系的运行

(一)做好管理评审和内部审核工作

在检测实验室中,管理评审为其中的重要实现目标,因此应该不断对质量管理体系进行完善,提供出可靠的依据,可以定期开展管理评审工作,不定期的实施,评审工作通常一年要举办一次,为了需要也可以增加次数。检验检测机构可以系统、定期对质量管理体系的运行情况、体系的策划等进行审核,利用审核工作,充分发挥审核的作用,从而及时发现体系存在的不足,并且对出现的问题进行全方位的分析、处理,进而保证质量管理体系的运行能够持续不断地得到改进、完善。因此,为了使环境检测实验室质量管理体系能够不断自我改进、完善,管理人员就要高度重视管理评审和内部审核,并开展好各项工作。

(二)号召全体参与

质量管理体系在对环境检测实验室执行和贯彻全部控制文件的过程中,起着至关重要的作用。建立起实验室质量管理体系后,需要实验室的每个工作人员发挥主观能动性,积极参与到质量管理体系运行中,要贯彻落实好质量管理体系的质量方针及目标。

(三)管理与沟通

在检验检测工作开展过程中,要建立行之有效的质量管理体系沟通机制,以确保质量管理体系有效运行,保证可以传达出质量管理体系的质量方针及目标,确保工作人员可以对其及时掌握、了解,有问题可以及时沟通、交流,也便于管理人员的管理。在对环境检测实验室的业务水平及质量的提升过程中，有效的管理与沟通起到了重要的推动作用，有利于构建全民参与环境保护的氛围。可以更好地促进环境检测实验室工作的开展。因此，要大力支持机构内部管理与沟通，为工作人员提供更多的环境检测手段、建议等，促进质量管理体系进一步发展。

（四）监督实验室现场工作

环境检测实验室的最终产品是数据和结果，因此实验室在进行现场检测的过程中，质量管理体系要充分发挥作用，做好监督工作，以确保每项检测数据的可靠性、准确性、真实性。监督人员要严格把握和控制好日常的检测监督工作，检测前要做好编制计划、检查检测设备、仪器、评审合同、检测物资采购等工作，检测中要监督好工作人员操作方法的规范性、正确性。监督人员应该在监督的过程中将识别的疑点、控制的难点和重点彰显出来，进而能够全面满足质量管理体系的质量控制规定，使检测出来的数据、结果能充分反映出环境检测地的环境情况。

二、质量管理体系的规范化

（一）强化质量管理体系建设工作的规范

要实现环境检测实验室质量管理体系规范化发展，就应当严格依照标准化来对流程进行规范，实施环境检测实验室内部人员与各项基础设施的规范行为，建立与质量管理体系相对接的实验室内部人员管理工作体系，要保证实验室工作人员实际使用的所有操作动作、实验分析工作方法以及科学检验设备都能在环境检测实验室的标准化技术规范文件中找到与之相对应的条文约束，要对实验室空间之内所有工作人员以及机器设备的运行和配备状况保持严格化的实时控制，以切实提升环境检测实验室质量管理工作体系的建设水平。

（二）扎实坚持标准化技术操作规程

从我国现阶段的环境检测实验室发展状况来看，在具体的检测项目的质量水平控制方法上，其往往会表现出相对薄弱的客观特征，而为具体的检测实验项目制定与之相对应的标准化实验操作规程，将会较为深切地实现对实际检测效果质量水平的有效控制。检测实验室实际运作执行的标准操作规程（SOP），是针对现有发展环境之下，实验室的一切日常化检验工作实务行为的技术化规范说明，其实际的制定目的就是要在最大的实践限度上，降低实验室检查工作出现差错现象的可能性，切实提升环境检测实验室报告的编制质量水平。

（三）规范实验室内部人员队伍建设及评价

环境检测实验室在招聘实验技术人员时，要确认其是否具备从事实验室技术检测岗位的上岗资格，在确认完上岗资格后，要对实验技术人员进行针对性的实验室内部有关仪器和检测设备使用方法的专门化培训工作，只有培训考试合格后，才可以开始进行环境监测工作。对目前客观存在的可能影响环境检测实验室质量控制体系建设水平的有关因素，要及时对实验室工作人员，展开针对性的培训以及业务学习，逐步提升实验室工作人员的自身素质，不断提高检测技术水平，要逐步引导实验室内的全体工作人员，使其充分认识到构建环境监测实验室质量管理体系的重要性，并在此基础之上，切实对实验室技术工作人员实际具备的基础知识和实验操作技能实施不间断的改良以及提升，并在这一过程中，对实验工作人员的工作表现经常性地实施有针对性的水准评价。

环境检测实验室质量体系的运行与发展，是满足国际国内规范要求的需要，也是自身不断提高技术和管理水平的需要，行之有效的质量管理体系可以对影响检测结果的各类因素进行全面控制，使实验室的基础设施、检测手段、人员素质以及管理水平得到极大提高，实现高效率、高效益的检测管理。

第二章 检验检测机构体系运行管理

第一节 质量管理体系建立和认证

一、质量管理体系的建立

（一）检验检测机构建立管理体系的步骤

检验检测机构建立管理体系分为以下六个阶段。

1. 教育、培训阶段

该阶段确定全员参与的指导思想，明确划分质量职责，根据质量层次开展培训。

2. 确定质量方针、目标阶段

确定质量方针需要明确法律法规依据、实验室定位，同时立足实验室实际，设定服务宗旨和努力方向、目标，将领导的决心转化为全体员工的行动。

3. 确定要素阶段

要素有直接要素和间接要素两种。直接要素为报告/证书质量；间接要素为标准、设备、环境、人员等方面。

确定要素过程主要分为以下五个步骤。

①确定工作类型、范围、工作量、服务方式；

②确定报告证书质量；

③确定对质量有影响的直接或间接活动控制要求；

④确定控制方式和控制水平；

⑤列出质量体系要素。

在确定要素过程中应考虑的因素有以下三点。

①符合准则、法律法规的要求；

②符合自身工作特点；

③能力要求"力所能及"。

4. 设定机构，分配质量职能阶段

该阶段总的原则是全面、协调、高效、到位，重在履行职责。同时应考虑两方面的问题：一是全部质量职能系统分配原则；二是能力和职能相当原则。

5. 质量体系文件总体设计阶段

该阶段应明确领导组织参与并制定总体计划的原则，同时文件内容要全面，尤其要注意要素、职能分配情况，做到层次鲜明、衔接到位。

6. 编写质量体系文件阶段

该阶段应充分重视质量体系具有的法规性、适用性、唯一性、见证性的特点。法规性要求过程不可任意偏离；适用性要求标准可行、有效；唯一性说明一个机构只能有一套唯一的质量体系，一项活动只能有唯一的工作程序；见证性说明体系文件是运行依据的见证、记录，是体系运行和各项作业的见证。

质量体系文件一般为三层或四层，其要求上层指导下层，下层服从上层，同时注意质量手册、程序性文件的一致性。

质量手册编写需要区分受控、不受控两类，受控文件可以进行修订、替换，不受控文件则不能。

程序性文件是质量手册的支持性文件，内容更加具体。

对于标准中规定不详的部分应形成检验指导书、检验实施细则；设备方面应有操作规程、自校规程、设备维护规程；检测过程中尤其是现场试验方面还应有安全规程。

（二）管理体系建立过程中主要考虑的因素

1. 可操作性

质量体系文件应具有较高的可操作性，具体表现为程序化执行顺利，按照已制定的步骤依次进行，其前提是解决好每个人对标准的不同理解带来的冲突。

2. 全体员工对质量体系的执行力度

质量体系是一个机构全体人员的体系，需要每位员工的积极参与，尤其对新进人员和转岗人员应加强质量体系培训，让体系中的每个人都明白自己所处的位置，以及在体系中的职责。对于一个实验员来讲，他不单单是出具一份报告或者一份证书，而是要考虑评审合同是否完善，现场文件是否受控，供方质量评价是否全面，样品标识是否完整，质量记录是否建立，当出现偏离时是否采取必要的纠正措施等一系列工作。

3. 管理层的监督完善

确定质量职责就是为了更好地实施，只靠自觉通常难以保证质量体系的全面运行，必要时候还是要考虑管理层的监督作用。内审是最能发现问题的评审过程，管理层应重点加强对内外审工作中发现问题的整改落实情况，不能流于形式，做做样子。

4. 覆盖要全面，难点要吃透

对于一般性的质量问题应避免重复发生，而对于难以整改的问题更应加大对该类问题的解决力度，做到各个环节全覆盖，越是有困难的问题越要提前解决。

二、质量管理体系的认证

质量管理体系认证，又称质量管理体系注册，是第三方依据程序对供方(第一方)的质量管理体系进行的评定和注册活动，其目的在于通过对供方质量管理体系的审核、评定和事后监督等活动对供方的质量保证能力给予证实。

（一）质量管理体系认证概述

为了正确理解质量管理体系认证的内涵，可以从认证的对象、依据、主体、方式和目的五个方面进行说明。

（1）对象。质量管理体系认证的对象是供方的质量管理体系而不是某一特定的产品或服务。

（2）依据。质量管理体系认证的依据是 ISO 9001：2015 版《质量管理体系要求》标准及其支持性文件，而不是企业的产品标准和技术规范。

（3）主体。这里的"主体"是指实施质量管理体系认证的执行机构。根据定义，质量管理体系认证应由独立于第一方(厂家、卖方、供方)和第二方(顾客、买方、需方)并经国家主管部门认可的第三方认证机构来实施，以保证认证工作的客观性、公正性和权威性。

（4）方式。质量管理体系认证一般是非强制性的，由企业自愿申请。

（5）目的。对企业来说，质量管理体系认证的目的是通过取得认证证书和认证标志，向顾客证实企业的质量保证能力，从而提高企业的质量信誉，增强市场竞争能力。对顾客来讲，可通过识别认证标志，在市场上选购满足自己要求的产品，从而起到"导购"作用。此外，由于质量管理体系认证实施的是统一的标准、统一的程序，并由认证机构进行统一管理，故有条件做到"一家认证，多方认可"，从而减少不必要的重复性检查并减轻企业的负担。

（二）质量管理体系认证程序

质量管理体系认证一般要经过认证基础工作、认证前的准备工作、审核前的准备工作、实施现场审核、审核后的监督工作五个阶段。

1. 认证基础工作阶段

(1) 选择认证咨询机构。企业在质量管理体系的建立过程中可能会出现各种各样的问题，因此企业在准备实施 ISO 9001 标准的认证时，应首先到权威咨询机构进行咨询，深入了解 ISO 9001 质量体系的概念以及建立质量体系的方法与步骤，邀请咨询机构指导并参与企业质量管理体系的建立过程。

(2) 运行质量管理体系。企业质量管理体系建立完成以后，至少正常运行半年至一年后方可提出认证申请。

2. 认证前的准备工作阶段

(1) 提出认证申请。其是指申请方向认证机构提出认证申请并向认证机构提交一份正式的、由其授权代表签署的申请书。申请书或附件一般包括以下内容：申请方名称、地址、邮政编码、负责人姓名、联系人姓名、职务、电话等，企业质量管理体系及其过程的一般信息，质量手册及所需相关文件，申请方的基本情况，如申请方的性质和经营状况，主要产品及生产特点，人员、生产设施和装备、验证手段状况，其他足以说明申请方质量保证能力的证明等。

(2) 认证申请的审查与批准。认证机构收到申请方的正式申请后，将对申请方的申请文件进行审查。经审查符合规定的申请要求后，认证机构决定接受申请，由认证机构向申请方发出《接受申请通知书》，通知申请方做好下一步与认证有关的工作安排，并预交认证费用。若经审查不符合规定的要求，认证机构将及时与申请方联系，要求申请方做必要的补充或修改，符合规定后，再发出《接受申请通知书》。如果确实不能符合规定的申请要求，认证机构有权决定不接受申请，认证机构将向申请方发出《不接受申请通知书》，说明不接受申请的理由，并退回有关文件。

3. 审核前的准备工作阶段

（1）成立审核组。审核组人数不宜过多，一般由 1~4 人组成。审核组人数 2 人及以上的，应指定其中 1 人为审核组长。必要时可邀请熟悉申请方特点的技术专家协助审核。

（2）审查申请方提供的资料。审核小组对申请方提供的质量手册等质量管理体系文件进行审查，了解申请方建立的质量管理体系是否满足 ISO 9001：2015 版标准的要求，并初步确定审核的范围。

（3）编制审核计划。审核计划是对审核活动的具体安排，由审核组长负责编制，审核机构批准确认，一般在审核前 10~30 天通知受申请方，使其有充分时间按审核计划要求做好安排。编制审核计划包括确定审核计划内容、确定审核的路线设计、审核员准备工作文件等内容。

4. 实施现场审核阶段

（1）首次会议。首次会议由审核组长主持，审核组全体成员、受审核方领导及有关人员参加。其作用和内容包括重申审核的目的和范围，介绍审核的程序和方法。

（2）现场检查。严格意义上的现场审核是从现场检查开始的。现场检查的主要目的是验证受审单位质量管理体系的有效性。在现场检查时审核人员仍有可能对质量管理体系文件的进一步审查。审核组成员在现场检查时应注意收集证据，要从适用性和有效性两个方面取证。

（3）对现场检查情况及其证据进行分析。其包括对所收集到的证据进行分析、整理，以确定哪些是严重不符合项；哪些是有待进一步证实或舍弃的不符合项；哪些是偶然、孤立的不符合项；哪些是审核过程中已经纠正的不符合项。

(4)编写不符合项报告。不符合项分为一般不符合项和严重不符合项两类。所谓严重不符合项,主要指该不符合项如继续存在下去将对质量管理体系有效运行或产品质量产生严重后果。严重不符合项也包括发生频次较大、涉及面较广的一般不符合项。一般不符合项是指孤立的、个别的、偶然发生的、且不会产生严重后果的情况。不符合项报告应包括产生严重不符合项的原因分析、有关不符合项事实的描述、不符合项所对应的标准条款、不符合项的性质等。

(5)审核组内部会议。在全部检查完后审核组应召开内部会议,会议内容包括审核不符合项报告,判定质量管理体系的有效性,为末次会议做准备。

(6)末次会议。在审核报告编制之前,审核组应与申请方领导进行末次会议,会议由审核组长主持。其主要内容有报告不符合项、审核组对质量管理体系审核的结论、阐述编制审核报告的原则和思路、征求对审核组的意见等。

5. 审核后的监督工作阶段

(1)整改。在规定时间内,受审方对审核小组所提出的问题进行整改,整改完毕后,请审核小组进行复查。

(2)提交审核报告。审核组长向认证机构提交审核报告。审核报告包括下列内容:报告的唯一性标识(编号),受审核方的名称、地点、审核日期,目的与范围,依据性文件,审核组成员,审核计划(作为附件),对不符合项的说明(不符合项报告作为附件),总结和建议等。

第二节 实验室建设

检验检测实验室作为从事科研、计量、检测等科学研究与实验的场所,其水平与国家科技和经济的发达程度息息相关,直接影响国家科技的进步和国民经济的发展。目前,实验室建设在国内尚属新兴产业,由于缺乏专业化、针对性的设计建设指导,部分实验室资金使用不合理,设计不科学,甚至建好的实验室因存在安全隐患无法使用,这些都造成了不必要的资源浪费,亟须以科学的理论指导实验室建设工作。实验室设计及建设是实验室管理的重要组成部分,而实验室管理的实施则依赖于良好的实验室设计及建设。只有根据设计及建设的需要,按照有关标准要求建设的实验室,才能实现实验室建设的初衷,并使实验室硬件的作用得到充分发挥。本书以检验检测实验室为对象,从总体思路上对实验室设计建设方法进行研究,从而探索出适用于现代实验室设计建设的新思路。

一、实验室设计建设总体思路

目前,在欧美等发达国家,实验室设计与建设已经逐渐成为一种日益成熟的综合技术。实验室设计及建设的重点是满足检测产品和检测项目的需求,同时考虑实验室的服务特征、实验室的发展定位等因素,为员工和顾客提供良好认知的空间。

20世纪我国的实验室主要采用水泥瓷砖或普通木头与油漆建设,水平相对落后;21世纪初,我国开始出现专业的实验基础设备,但大部分实验室还处于把资金投向仪器而并不重视实验室环境工程建设的阶段；近年来，我国在实验室基础建设方面进入了整体工程建设的快速发展时期，在实验室建筑装修、系统工程建设、科研检测仪器配备等方面都加大了投入。

但是，由于缺少专业的实施方案，通常实验室的使用者往往重点关注仪器设备，设计者仅依据行业通用准则进行设计并指导施工，导致部分设施难以与实验室仪器设备相契合，只有将"专业的使用者""专业的设计者""专业的建设者"三方有机结合，才能在实验室建设的全寿命周期内，系统考虑实验室设计及规则需求，形成"专业的使用＋专业的设计者＋专业的建设者＝现代化实验室"的模式。

本书依托国家级科研课题研究，提出检验检测实验室设计建设的总体思路及相关标准。在该标准中，并不会过多的涉及工程建筑施工方面的内容，重点关注工程建设与实验室运行相结合的部分，以桥梁的形式将二者有机结合，力求能够有助于指导现代化检验检测实验室的建设。

二、实验室设计标准现状

现阶段涉及实验室的各类型标准有2200多项，其中涉及实验室安全的有23项，涉及管理的有15项，其他类型标准有10余项，分别针对科学实验室、机械工业中央实验室、测量实验室、生物安全实验室、水生动物检疫检验实验室。除此之外，大多数标准关注的内容为检测和实验技术。

在上述涉及实验室设计建设内容的标准中，基本是将此部分内容融入安全、管理、运行等方面，并没有完整的实验室设计建设内容。移动实验室和临床实验室两项国家标准的重点在于实验室设计，而其他标准更加侧重于实验室设备设施，只有科学实验室建筑设计规范包含两部分内容，但是其偏向科学研究用实验室与检验检测实验室还是有较大的差距，其他标准内容简略，实际操作性不大，不能完全覆盖实验室设计建设过程内容。

三、实验室建设标准体系建立的必要性

通过检验检测实验室设计建设标准体系地建立，人们对实验室进行了科学系统地分类，将现有科研、设计人员的经验，通过科学的分析方法，凝练成为切实可行的指导理论，为实验室的建设提供了实用、前沿、科学的信息及依据，搭建了安全、健康、节能、环保、人性化、智能化的实验室硬件环境，从而促进了实验室建设工作的整体规划和快速开展。

四、实验室设计标准体系现状

（一）缺乏专业的实施方案

虽然我国实验室建设相比之前已经有了很大进步，但是仍缺少专业的实施方案，在检验检测实验室设计过程中，应该考虑哪些方面；如何构建实验室布局；应该如何考虑实验室绿色可持续性；如何提升实验室灵活性等方面，并没有专业的实施方案。

（二）缺少明确的指导标准

现阶段涉及实验室的各类型标准有2200多项，其中涉及检验检测的各类型标准有8项，但是并没有明确的国家标准对该类型实验机构进行规范。

（三）尚未建成完善的标准体系

实验室设计建设标准体系可以分为横向和纵向。横向代表标准体系涵盖细节的广度，除了通常包括的实验室分类、设计建设过程前期的规划设计、平面建筑布局、房屋配件、辅助设施、实验室系统工程(包括供暖、空调、给水排水等)、安全与防护、特种仪器设备需求等，还应有环境适应性、灵活性、公害预防与处理、信息化、智能化和绿色可持续性。

标准体系中的纵向标准并不是独立的,他们在结构和内容上应该是相互对应的。通用要求中提出的各项内容应该在各类型实验室技术标准中体现。除了通用要求中规定的通用内容,各类型实验室技术标准中应重点突出各实验室特点。例如,电气安全实验室重点关注实验室系统工程中的供电和安全;食品安全实验室重点关注通风和净化;化学分析实验室重点关注排毒柜和气体管道设计建设。

五、检验检测实验室分类与设计建设

检验检测实验室设计建设应在"专业的使用+专业的设计者+专业的建设者=现代化实验室"的核心思想的指导下,参考各行业专用设计建设标准,如《建筑给水排水设计规范(2009版)》(GB 50015—2003)、《建筑设计防火规范(2018版)》(GB 50016—2014)、《工业建筑供暖通风与空气调节设计规范》(GB 50019—2015)、《医药工业洁净室(区)悬浮粒子的测试方法》(GB/T 16292—2010)等。针对检验检测实验室设计建设,需要详细说明的内容包括实验室分类、总则、规划设计、总体设计、细节设计,内容涵盖实验室选址、布局、公害预防处理、灵活性规划、可持续性、信息化与智能化、房屋配件、辅助设施、系统工程等。本书的研究重点在于设计建设的分类、原则以及需要重点关注的问题,并未涉及不具备通用性的设计建设细节,力求做到"广而全",既可以帮助实验室管理人员提出实验室建设需求,也可以作为设计建设人员规划设计方案的参考,从而搭建起连接设计方与施工方的桥梁。

(一)实验室分类

实验室科学分类和实验室建设设计规范互为输入和输出,不同的实验室对建设设计要求完全不同,因此科学分类是实验室设计的基础。但不同产品还具备不同的使用功能,对实验室的要求没有规律可循,这是实验室分类的技术难点。

实验室的种类很多，可按学科划分、按实验室特性划分或按行业划分等，但仍缺乏统一、科学的分类标准。而实验室设计与建设首先需要进行科学合理分类，再根据实验室类型的不同而采用针对性的设计及建设方案。只有经过科学分类并按照规范进行设计和建设的实验室，才能避免隐患，降低成本，切实满足其功能、技术特性的需求。从实验室筹建之初的工程设计，到工艺流程的设计，及至合理选购仪器设备，科学统筹才能达到合理的资源调配，真正做到不断提高实验室运行和管理的整体水平。

在我国经济建设和社会发展的各行各业中，分布着各种形式的实验室机构，其是我国行业和产业技术实力和创新力的基本保障，对实验室的科学分类不仅有助于实验室的有效管理，还能提高实验室软实力。目前，对各类实验室的分类如下。

（1）按照学科分类。其分为化学实验室、生物实验室和物理实验室等。

（2）按照特性分类。其可分为干性实验室和湿性实验室、主实验室和辅助实验室、常规实验室与特殊实验室等。

（3）按照领域分类。实验室可分为疾病预防控制中心实验室、出入境检验检疫系统实验室、产品质量检验机构实验室、农产品检验机构实验室、药品检验机构实验室、医学检验机构实验室、公安系统实验室等。

针对检验检测实验室的分类，应该依据其界定范围、特点（功能、对象、流程）、共性和区别，参考其建设现状，包括总体规模、产业分布、地域分布、能力建设等方面分类。

因此，针对检验检测实验室分类制定了两套方案，分类方案1中的第一级分类对应行业分类，第二级对应产品分类，第三级对应学科分类与实测项目；分类方案2中的第一级对应应用领域，第二级对应行业分类,第三级对应产品分类。

这两种分类方法各有优劣,分类方案1参考了国民经济行业分类,整体上具备一定的权威性,第三级采用学科分类,能够体现出检验检测实验室的特性,但是总体上分类比较复杂,难以全面涵盖检验检测的项目;而分类方案2相对比较简单,但是一级分类始终存在分歧,更加关键的是,采用第二种分类方式,无法体现出检验检测实验室的特性。作为检验检测实验室设计建设标准的重要组成部分,实验室分类应当与检验检测密切相关,故最终决定采用分类方案1进行分类。

根据分类方案1,可以将检验检测实验室分为43个大类,255个小类,虽然各实验室类型不同,但是在设计建设方面存在的共性要求较多,值得重点研究。但个别特殊实验室,如电气安全、食品安全、生化检测等实验室,其设计建设要求或者比较特殊,或者已有相关标准规定,故不在本书研究范围内。

（二）规划设计

实验室规划设计主要是根据实验室性质,进行需求分析,研究实验室建设性质、目的依据及规模、建筑物要求及内容、参考资料、抗震防控措施、公害处理、建筑面积等,这些内容在实验室设计建设之前必须先确定,是整个实验室设计建设方案的基本依据。

（三）总体设计

实验室总体设计以选址布局和功能规划为主,是整体设计流程的第一步,非常关键,实验室设计建设的很多关键内容,如公害预防与处理、灵活性规划等,若在总体设计中缺乏考虑,在后期细节设计过程中则无法改进,从而造成实验室设计建设的缺陷。

在平面布局内容中,可以考虑独立式、主楼式、单元式、分散式四种总体布局。可将整个实验室区域划分为核心区域、辅助区域、公共设施区域。在平面设计过程中，应该考虑组合设计原则、建筑物底层布局原则、顶层设计原则、北侧设计原则等。

在建筑布局内容中，推荐使用单走廊设计、双走廊设计和单元组合平面设计。在公害预防与处理中，重点应考虑废水、废气、废渣和废物处理。在灵活性规划中，应注意设施、系统工程和实验室内部设施的灵活性规划。在考虑实验室绿色可持续性时，应重视环境、建筑和工程的可持续性。

（四）细节设计

完成实验室总体设计之后，接下来要对实验室的内部细节进行设计规划。细节设计的对象包括房屋配件、实验室辅助设施、实验室用房、辅助用房、实验室系统工程和其他要求。

在房屋配件和实验室辅助设施中，设计重点为实验室的窗、门、地板、走廊等内容。在实验用房及辅助用房中，重点应考虑业务受理室，由于检验检测实验室以提供检测服务为主，在实验室设计建设过程中，应该考虑业务受理室的设置，包括受理、咨询查询、检验报告收发、检验样品收发和收费区域。同时，还应考虑常用实验室仪器设备安装及配置。

实验室系统工程包含内容较为复杂，综合其他实验室设计建设标准，该部分重点应考虑12项内容。给排水、空调和通风净化装置是实验室不可或缺的配置，给排水设备应考虑化学制剂的中和过滤处理；实验室空调的设计应满足通风需求，甚至个别实验室需要配置隔振器和消声器等。

实验室建筑的其他规划要求中包括设备放置和室内装修的要求，以及实验室安全防护和消防的要求，但是这部分有专门的标准进行规范，因此只需关注检验检测实验室特性，参考专用标准即可。

检验检测实验室设计建设标准的建立，可对实验室进行科学系统分类，将现有的科研、设计人员的经验，通过科学分析方法，凝练成为切实可行的理论指导，为实验室建设提供实用、前沿、科学的信息及依据，从而搭建安全、健康、节能、环保、人性化、智能化实验室硬件环境，促进实验室建设整体规划快速开展。

实验室设计建设标准化是检验检测实验室管理的发展趋势，实验室设计建设标准制定强化了实验室管理，加强了实验室软实力。在检验检测实验室快速发展的同时，更应该抓好实验室的标准化工作，建立高效率、高质量的技术平台和人才培养平台。

第三节　人员管理

一、检验检测机构人员要素的管理

决定检验检测机构检测的正确性和可靠性的因素有很多，其中人员是极其重要的要素，是检验检测机构的第一资源。一个检验检测机构的水平高低优劣，很大程度上取决于人员素质与水平，特别是对关键人员的任职资格条件应加以规定。只有控制好人员，才能确保检验检测机构的产品——数据（结果）的正确、可靠。

（一）人员配备

检验检测机构应根据组织机构规模和实际工作需要配备足够的管理和技术人员，包括管理人员、检测人员、操作人员、评价人员、授权签字人员等，其中每个项目专业检测人员不应少于两人，可以兼任。所有从事抽样、检测、签发报告、操作设备的人员都必须持证上岗。切勿选择与本岗位不相符的、不具备条件的人员任职。在聘用检测人员之前，应通过相关途径（如上海市公共信用信息服务平台等途径）查询其信用记录，不得聘用法律、法规禁止从事检测活动的人员。

（二）职责明确

检验检测机构应编制文件规定最高管理者、技术负责人、质量负责人、授权签字人、科室负责人、检测人员、审核人员、样品管理员、设备管理员、试剂管理员、内审员、监督员等人员的职责和权限，赋予他们相应的权力和资源来履行包括实施、保持和改进管理体系的职责，识别管理体系或检测程序的偏离，采取预防或减少这些偏离的措施。

（三）上岗培训

检验检测机构应制定人员培训和管理程序文件，规定新进、转岗等所有机构人员上岗或重新上岗前均应参加管理知识和专业技术知识培训。管理知识包括《检验检测机构资质认定管理办法》《上海市检验检测条例》等相关质量体系法规，《检测和校准实验室能力的通用要求》（GB/T 27025—2008）等国家标准，以及《质量手册》《程序文件》等各项规章制度和文件。专业知识内容主要是与本岗位相适应的作业指导书、技术标准、操作技能等。

1. 制订培训计划

检验检测机构每年应针对在岗员工技能再提高、开展新检测项目等岗位工作需求编制培训计划，该计划由各科室提出经质量负责人或技术负责人审核，报最高管理者批准后生效。另外，新员工和转岗员工在上岗前应申请临时培训，一起纳入年度培训计划目标。检验检测机构应尽量保证每位员工每年都能得到培训。

2. 培训计划实施

培训管理应有一个归口部门负责，由该部门根据计划提早通知受培训者本人和科室领导做出安排，培训方式可以多样，包括内部培训和外部培训。培训后应及时登记，记录培训的信息要交办公室存档。

3. 培训活动有效性评价

检验检测机构技术负责人要组织相关人员对培训活动进行有效性评价，评价形式主要有提问、现场演示、验证、考试等，并记录评价结果，评价培训的有效性。对于从事产品检测、复核、报告评价和签字的人员，一定要针对预授予上岗的项目逐项进行盲样考核，严格把关。培训合格人员继续上岗，对培训不合格人员重新安排培训，并对由主观原因造成培训不合格的人员做出处罚。

4. 人员上岗

对培训合格人员要授予上岗证，上岗证上要标识具体从事的岗位。对检测、核验等人员还要清晰标明允许操作的设备、检测的项目等。机构每次对人员能力授权可以下文件通报，让全体人员了解，相互监督，对不具备相关能力的人员严禁私自上岗。

5. 建立人员档案

人员档案资料由机构相关归口部门管理。每一位员工均应有技术档案，档案资料包括基本信息、工作业绩、奖惩情况、相关授权、能力、受教育程度、专业资格、培训、技能和经验等，并包括授权和能力确认的日期，并且资料要定期维护和更新。

（四）监督

检验检测机构应任命足够数量有资质、熟悉检测方法、程序、目的和结果评价的人员为监督员，按计划对检测人员实施监督。监督重点关注在培训人员、新进人员和转岗人员，侧重对人员现场检测能力的监督。这种监督是按计划的、连续的，主要监督内容包括检测人员资格是否持续满足要求、检测人员是否熟悉作业指导书及现场执行情况、检测人员现场所依据的技术标准是否符合和现行有效、检测人员设备操作是否熟练、环境设施是否满足标准的要求及现场监控记录的符合性、样品状态标识和唯一性标识是否已记录并符合文件要求、原始记录及数据的核查符合性、数据处理及判定情况、不确定度评定情况、结果报告的出具情况等，发现不符合项要及时记录，并采取纠正措施。监督员对检测人员的检测能力置疑时，要安排培训，重新确认能力后上岗。

（五）质量保证

为了增强检测人员的信心，实验室应制定并执行质量控制程序以监控检测的有效性。针对检测人员所开展的检测项目，技术负责人应每年组织各科室负责人制订质量保证计划，安排一定数量的项目参加实验室间比对、留样再检、人员比对、使用有证标物监控、能力验证等，对结果进行分析评价，不合格项目采取纠正措施，确保检测数据的准确、可靠。

二、检验检测机构专业人员技术档案的管理

专业人员技术档案是非常重要的动态信息，必须认真管理和充分利用才能有效地为人民群众饮食用药安全有效服务、为食品药品监督执法管理服务、为食品药品产业健康发展服务。

食品药品检验检测机构的职能和任务要求其依法出具的检验报告书必须科学、真实、准确，而决定实验室检测或校准的正确性和可靠性的因素有很多，包括人员、设施和环境条件、检测和校准方法及方法确认、设备、测量的溯源性、抽样、检测和校准物品的处置等各个方面，其中第一要素为人员的科学管理，这就要求省级食

品药品检验检测机构必须拥有一支各类专业人才齐全、技术全面、能快速应对食品药品突发安全事件的精英队伍。如何科学管理和规范建设这支队伍是食品药品检验检测机构面临的一项重要问题。加强专业技术人员技术档案的管理，是实施人力资源技术信息储备和人才发展战略的基础。人员技术档案是全面反映人力资源整体情况，充分发掘人力资源的基础，现就专业人员技术档案的管理做以下探讨。

（一）做好专业人员技术档案管理的作用

（1）满足食品药品检验检测机构事业发展的要求。随着国民经济和社会的快速发展，公众饮食用药安全意识不断提高，对食品药品监管工作的要求也愈来愈高。做好专业人员技术档案工作，能便于领导及时了解和掌握食品药品检验检测队伍各类专业人员现有的状况，为合理使用、培养和开发利用各类专业急需人才，提高专业人员队伍整体素质，提高专业人员快速应对和处理各种饮食用药安全突发事件能力，提供重要的参考依据。

（2）满足食品药品检验检测机构人才管理要求。专业人员技术档案能够完整地记载各类专业人员的资历、能力、业绩和专业技术水平。管理并运用好专业人员技术档案，能为各项科技工作招聘、人才交流、推荐科技人才、专业技术职务晋升评聘、人力资源储备提供翔实可靠的材料依据。

（3）满足社会服务的需求。在食品药品检验检测和科学研究工作中，各省级食品药品检验检测机构必须按照相关准则和法规，建立规范的质量管理体系，对检测人员进行必要的培训与管理，确保其出具的检测数据准确、可靠，满足服务社会的需求。

（4）满足实验室认可和认证工作的要求。《检测和校准实验室能力认可准则》要求："实验室管理者应确保所有操作专门设备、从事检测和(或)校准、评价结果、签署检测报告和校准证书的人员的能力。当使用在培员工时,应对其安排适当的监督。对从事特定工作的人员,应按要求根据相应的教育、培训、经验和(或)可证明的技能进行资格确认。""实验室应保留所有技术人员(包括签约人员)的相关授权、能力、受教育程度、专业资格、培训、技能和经验的记录,并包含授权和(或)能力确认的日期。这些信息应易于获取。"因此,完善的、行之有效的专业人员技术档案管理程序,也是满足质量管理体系及实验室认可和认证工作要求的重要条件之一。

(二)食品药品检验检测机构专业技术人员组成与技术档案材料分类

省级食品药品检验检测机构专业技术人员队伍以食品、药学(含中药学)专业人员为主,同时应有医疗、生物、药物制剂、分析化学、生物医学工程、计算机、档案管理、图书情报、会计、法律等各类专业人员,以确保各学科互为补充,合理配置。

省级食品药品检验检测机构各类专业技术人员档案应全面、客观、真实,其主要内容包括以下五个方面。

(1)基础材料。其主要包括专业人员履历表、学历和学业证书(含毕业、结业、修业、肄业)及后继学历证书;各种专业技能考试、考核合格证、资格证;参加各种科技研讨会、专业技术会议、出国考察、进修学习、短期培训;继续教育及能反映专业人员个人资历和技能水平的各种材料。

(2)任职资格材料。这些材料主要包括专业人员历次任职资格评审表、任职资格证书、任职聘书,以及检定员证、操作员证、上岗证、上机证、内审员证、监督员证、审核员证、评审员证等相关的任职证书。

(3)科研技术成果材料。其主要包括反映专业人员业绩的专业工作总结、技术报告;发表的学术论文、论著;主持或参与各项科研课题鉴定证书、获奖证明、获奖证书及完成者证书；发明创造专利证书及外语等级证书、计算机等级证书等。

（4）考核材料。此类材料主要指每年度对专业人员进行考核的考核登记表。其内容包括本人述职；培训进修学习情况；著作论文及重要技术报告情况；完成主要专业技术工作；创造发明及成果情况；工作失误、失职情况等。

（5）其他材料。其他材料指专业人员参加各种专业学会、学术团体的聘书、聘任证及各类荣誉证书等。每一卷技术档案应具备的基本信息包括档案号、姓名、科室、最高学历及毕业时间、第一学历及毕业时间、第二学历及毕业时间、工作时间、职称、任职时间。论文信息管理包括档案号、题名、出版时间、责任者、级别、(标有 ISSN 或 CN) 收录、数量、归档时间。论著信息管理包括档案号、书名、出版项、出版时间、科室、主编副主编、编委、编者一、编者二、编者三、数量、归档时间。参加科研工作情况信息管理包括档案号、项目名称、合同编号、课题来源、类别、经费、研究起止时间、承担单位、负责人、参加者名次、归档时间。科研课题完成情况信息管理内容有档案号、课题名称、研究起止时间、鉴定时间、鉴定单位、证书编号、科室、负责人、参加者名次、归档时间。获奖情况信息管理内容包括档案号、获奖名称(科技成果、医疗成果、优秀论文、专利证书、荣誉证书)、授奖单位、授奖时间、级别(国家、省、部、市)、证书号、归档时间。学术会议情况信息管理包括档案号、会议内容、参加地点、会议时间、主办单位、科室、参加者、归档时间。培训、进修情况信息管理内容有档案号、起止时间、专业内容、进修单位、参加者、培训鉴定归档时间。学术职务情况信息管理内容有档案号、学术团体、职务、任职时间、聘任单位、科室、受聘者、归档时间等。

(三) 专业人员技术档案材料的收集管理

(1) 实施"一人一档"。为便于档案管理，了解每一位专业技术人员的专业背景及岗位变动情况，需要建立包括专业技术人员和管理人员在内的每人一套的技术档案。

(2) 将文件的收集贯穿到日常工作中。业务报告、年终工作总结，国内外各种刊物发表或会议交流的论文等材料，医学科技成果，都属于收集的范围，应该随时注意收集；还可以制定规章制度，规定外出人员学习结束后及时向培训归口管理部门上交培训资料，由培训归口管理部门再向人员技术档案管理部门移交等。

(3) 把好专业技术职称评聘材料关。技术人员档案大部分是技术职称评聘过程中形成的，评聘工作为个人技术能力和业绩的集中展示提供了机会，它比较全面地反映了技术人员在专业技术工作中的经历、品德、业务专长、工作能力和管理水平，因此在专业技术职务晋升评定和技术职务聘任时要同步收集材料，大量的专业技术证明材料可以通过这一渠道来收集。

(4) 在完整收集各类资料的基础上，档案管理人员要逐人，逐项进行整理、编目、著录，整理完毕的技术档案材料，存放在档案盒中归档。有条件的机构，在保存文本技术档案的同时，还可以将计算机技术应用于档案管理，采用电子表格录入，将专业技术人员技术档案的全部信息建立关联，集中表达在一个窗口中，从而直观地展示个人的基本信息、技术信息，专业人员可以通过内部局域网点击查阅本人的技术档案材料，最终达到技术档案管理自动化的目标。

(5) 对每个专业技术人员收集的论文、成果等个人技术材料，要建立严格的登记手续，同时对散失在外没有登记的文件材料，各有关科室要集中收到档案室进行统一管理，避免遗漏，定期收集。要做好这方面的收集工作，还需要各部门之间通力合作，共同完成。

综上所述，专业技术人员技术档案是专业技术人员在长期的检验实践和科研活动中积累的大量技术资料，是技术人员经过创造劳动所取得的，是具有科学价值和经济、社会效益的科学技术研究结果。这些资料微观上记载了各类专业技术人员业务发展的过程和德、能、勤、绩全貌，宏观上反映着省级食品药品检验检测的整体水平和科研能力，也可以说是检验单位的重要财富。因此，检验检测机构要把专业技术人员技术档案管理工作纳入单位全面管理轨道。档案管理部门要与各部门互通信息，密切配合，相互协助将档案的归档工作纳入日常管理中去；广泛宣传，增强全体科技人员的档案意识，确保科技档案的完整性、准确性、及时性；同时要加强档案管理人员的教育，大力宣传档案工作的意义、目的和作用，提高档案管理人员档案意识，增强工作责任心，树立严谨的科学态度，恪尽职守，使专业技术人员技术档案真正发挥其应有的作用。

第四节　仪器设备购置与管理

仪器设备是检验检测机构重要的组成部分，如何规范管理、使用、保证检验检测质量是检验检测机构资质认定评审准则中十分重要的一环。随着检验检测市场的增长，对检验检测能力需求的增强，检验检测机构仪器设备也随之增加，科学、规范、系统、符合评审准则的仪器设备管理方法显得越来越重要。

一、仪器设备购置预算

检验检测机构应配备检验检测（包括抽样、物品制备、数据处理与分析）要求的所有抽样、测量、检验、检测的设备，当检测机构需要增加检测参数或设备性能降低、报废时，应该提前做好设备购置更新预算。当工作量变化增大时，为保证较高的检测质量、客户的满意度，保证质量管理体系的适宜、充分和有效性，需要及时制订设备购置计划。为做好设备的购置预算，有关工作人员需做好以下准备工作。

（1）当检测业务量增加时，需提前预测现有仪器设备配备条件能否满足检测的时效性，如存在风险，要及时预算更多的或更加快捷高效的前处理、检测仪器设备。

（2）当某设备到达一定年限，在注意维护、关注设备性能的同时，需要做好购置替代设备的预算，降低设备老化、报废等导致检测工作无法及时完成的风险。

（3）督促业务部门与客户互动或走出去通过市场调研积极了解社会需求，收集需要扩项的检测能力参数，及时提交讨论，确定需购置的仪器设备。

（4）通过各种途径包括网络平台、设备厂家的销售人员或检验检测机构同行进行交流、学习，注意搜集功能更加适用、使用更加快捷、性价比更高的前处理、检测仪器设备，登记备案，提高预算效率。

二、实验室仪器设备采购方式及管理

第三方检验检测机构进行仪器设备的采购时，应建立实验室仪器设备年度采购计划，对于在实际工作中需要但在采购计划外的设备，应当纳入紧急采购预案中。设备采购应当充分考虑工作实际，采购计划由具体实验人员提出，经过分析统计以后通过设备管理部门对设备进行集中采购。仪器设备的采购可以根据实际情况采用招标形式，但是对于一些特殊仪器因情况特殊不能进行公开招标采购，可以通过竞争性采购等方式进行采购。无论通过何种方式进行仪器设备的采购其均应当在实验室监督部门的监督下完成，做好采购记录、来往账目记录等，做到采购有迹可循、有账可查、公开透明。

三、仪器设备档案管理

（一）档案内容

设备购置回来要及时搜集相关资料，建立档案，并通过不断的补充，使档案能完整地呈现仪器设备的购置过程、参数功能、原始随机材料、验收启用情况、使用维护维修情况、仪器状态等，材料较多，尤其输出数据的大型精密仪器，根据《检验检测机构资质认定评审准则》，设备档案至少需要以下材料。

①设备及其软件的识别；

②制造商名称、型式标识、系列号或其他唯一性标识；

③核查设备是否符合规范；

④当前的位置（如适用）；

⑤制造商的说明书（如果有），或指明其地点；

⑥所有校准报告和证书的日期、结果及复印件，设备调整、验收准则和下次校准的预定日期；

⑦设备维护计划，以及已进行的维护（适当时）；

⑧设备的任何损坏、故障、改装或修理。

档案内容按功能归纳为四点。

①设备所有权证明、发票、合同、资金来源等；

②正确使用设备的相关文件，如使用说明、软件、操作规程等；

③证明仪器状态完好、符合使用要求，如验收情况、检定、校准、自校情况、小型仪器设备检查合格情况等；

④记录使用过程，仪器的使用、维修、维护记录等。

（二）设备旁常用文件

检测人员使用频率高的文件材料，需要从档案中复制出来放在仪器旁方便取用的地方，包括设备的详细使用说明、简明操作规程、检定校准证书复印件等参考类文件，同时还需放置仪器设备的使用、维护、维修等记录类文件。

（三）电子档案

在保留纸质档案的同时，争取档案电子化，一个设备设置一个文件夹，建议以"唯一性标识—仪器名称—品牌—型号"为文件夹名称。电子档案易备份、保存，不占用实验室空间，同时电子档案较易查询。检测机构在申请科研项目、检测项目投标或申请一些平台的运行补贴时，需要提供一些证明材料，包括设备所有权的证明材料、仪器设备状态完好、符合使用要求的证明材料等，有完整的电子档案，可以比较灵活的提取、复制。

四、仪器信息标识

（一）固定资产管理标识

为方便固定资产管理，在仪器设备购置进来时，应在仪器醒目位置贴上耐热、耐磨不易掉落的标签。标签内容至少含有"唯一性标识—名称—型号—位置—管理人"，唯一性标识是为了将每一台尤其是同一位置同一管理人相同型号的设备分开。标签中的仪器位置和管理人信息在资产管理中也较重要，比如在资产清查过程中，经常出现相应位置找不到某仪器设备，或某位置出现多出来的仪器设备，因此标识原位置和管理人显得尤其重要。

（二）仪器状态标识

对仪器检定校准检测的仪器设备，要在设备显要位置加贴相关机构出具的检定、校准、检测标签标识，合格的贴合格标识，准用的贴准用标识，当仪器设备在维护保养维修过程中，需要加贴停用标识，对于暂时无法搬出实验室的报废仪器设备加贴报废标识。

（三）展示信息

为方便同行交流、客户参观、专家对平台项目进行现场验收等，检测机构通常会制作仪器信息卡片，信息包括唯一性编号、名称、型号、品牌、用途、价格、资金来源、购买日期等。这些信息一般都采用塑料台卡置于仪器上方或旁边，如果是易移动的中小型设备，建议将信息标识加贴在仪器设备上合适的位置。

（四）仪器设备名称

在仪器设备实际采购过程中，尤其是政府采购，从部门提出某设备需求意向，到购置，到最后检定、使用，会经过众多环节，往往会出现申请时使用的设备名称与实际设备商品名称不一致的现象，这会导致在设备验收、固定资产清查、制作台卡时造成混乱，当名称不一致时，建议名称以合同、发票上名称为主，实际仪器设备名称括弧内同时标注。

五、仪器设备管理表格

仪器设备除了存档各类原始性文件档案材料外，还需要一些仪器设备管理表格，以方便查询、提取、使用相关信息。例如，固定资产登记表、仪器设备配置一览表、仪器设备检定或校准计划表等。

（1）固定资产登记表(仪器设备类)需要登记仪器的唯一性标识、资金来源、价格、购置日期、型号、出厂编号、发票号、合同编号、位置等。

(2)仪器设备配置一览表需要标记的是仪器设备的型号、规格、参数、测量范围,其主要是表明仪器能开展哪些工作,展示检验检测机构是否有与资质能力相符的配备。相较于固定资产登记表来说,该表只需展示典型设备。

(3)设备的管理人、使用人。《检验检测机构资质认定评审准则》规定了设备需经过授权的人员操作,因为某些设备尤其是大型精密仪器由于操作较复杂,需要有一定的设备使用、维护经验,没有授权的人员由于未经培训,贸然使用不仅检测质量无法保证,还会增加设备的故障率,因此要明确管理人、使用人。

(4)仪器设备状态。其包括检定、校准的时间以及下一次检定、校准的时间,方便制定设备的溯源计划,检查设备溯源有无遗漏,保证出具检测报告的准确性、合法性。

(5)管理方法。检验检测机构中仪器设备分为很多类,其中包括大型精密仪器、小型设备、输出数据设备、前处理设备,环境设施设备等。不同类别管理方法是不一样的,某一设备是属于哪一类设备,是否需要有操作规程,是否需要仪器使用记录等,这些都需要通过仪器设备管理方法表格明确,方便检验人员执行和检查。

六、仪器设备的维修维护

(1)为提高设备维修、维护效果,需要专门指定负责人,而不是谁用坏谁负责或随便找一个使用人来负责。在设备维修、维护管理过程中,需要与服务供应商进行技术故障情况交流、服务内容和价格谈判等,相同类型设备在故障表现情况、配件价格、维修维护服务内容等方面又具有共性,因此建议同一类设备由同一人管理。

(2)设备的维修维护费是检验检测成本重要的一部分,维修维护服务成本应细化到每一台设备上,这不但可以精确了解成本,也能从侧面了解设备的老化程度,从而根据性价比情况,适当的时候进行新设备的预算、购置。

七、仪器设备的共享

检验检测机构要积极参加一些部门、区域性的仪器设备共享服务平台，对第三方检验检测机构来说，这既能充分展示自己的服务能力，又可以吸引更多的客户，扩展业务范围；对国有机构来说，仪器设备共享可以盘活固定资产，提高设备的利用率，尤其一些高精尖的设备可以分享给无购买该类设备实力的企业使用，加强协同创新，增加区域企业的科研实力。同时部分大型精密仪器设备共享平台，会有专项资金反哺企业和检测机构，这可以用作人员培训、设备维修维护服务的购置等。

检验检测机构仪器设备管理工作是一项系统工程，涉及方方面面，要做好这项工作，需要不断积累经验，在按照法律法规、相关评审准则、认证认可条件的基础上根据机构自身规模和性质建立机构仪器设备管理新模式，形成相应体系，并且能保证所有设备管理制度被严格执行。

第五节　检测报告管理

检测报告是检验检测机构检测水平和管理体系有效运行程度的体现，也是其履行对客户服务承诺出具的能够承担法律责任的技术文件，是检验检测机构检验工作的最终产物。检测结果的准确性和可靠性直接关系到客户的切身利益，也关系到机构自身的形象和信誉。

一、体系保证

根据检验检测工作特点，应建立检测质管办负责下的样品收发室，负责检测样品统一收发登记，出具检测报告，并建立检测报告管理程序，对检测报告的编制、校核、审核、评价、批准签发和发放进行控制，保证向客户提供准确、清晰、客观、公正的检测报告。

二、样品受理和信息收集

（一）样品受理

样品由样品收发室统一接收，样品受理员应对样品进行符合性检查。若样品有异常无法接收的，样品受理员应立即将样品退还给客户，向其说明原因，并由客户书面确认；若样品正常，样品受理员应在《检测协议书》上签名，并按样品标识系统要求贴上唯一性标识。

（二）信息收集

根据检测报告必须表达全部信息的要求，第三方检验检测机构规范了样品检验协议书中有关信息内容，在接收采(送)样品登记的同时，认真做好信息收集工作。其中包括检测样品名称；受检单位(客户)名称和地址；生产单位；生产日期和批号；采(送)单位(个人)；样品包装形式、规格、特性、状况、商标、数量；检测类别区分；样品接收日期；检测项目；检测依据；评价标准等。如使用非标方法时，检验检测机构应按照客户需求进行仔细记录，在备注栏说明，并经委托方(客户)确认签字备案，以保证信息内容的真实性和客观性。

三、原始记录规范化

（一）原始记录格式规范化

原始记录是报告单的重要组成部分，也是反映当时检测条件和原始数据的重要信息记载，其主要内容包括样品名称；样品编号及标识；样品状态、数量、规格；收样、检测、检测完成日期；检测项目；检测方法及依据；检测环境条件（温、湿度和气压）；检测地点；仪器检测条件、名称、型号；检测试剂配制状况及标准物质来源；检测过程中所出现的状况记录；检测方法步骤描述；原始图谱；检测原始数据记录；计算公式及数据处理结果；检验人员和复核人员的签字确认等方面信息。

（二）书写规范化

书写规范化要求检测人员按内容栏目标准格式记述内容。做到书写规范、字迹清楚、便于辨认。描述记录过程要简洁明快、词能达意，并强调保持原始记录的原始性。对记录有误的采用规范改错方法，在错处画两条横线，写上正确内容，并加盖当时检测人员章确认。

（三）计算和导出数据规范化

计算和导出数据要严格按照检验规范进行计算，不得随意简化。计算中的每个数据要有来源，以确保检测过程、方法的溯源性和复现性，以便复核、审核人员检查核对。对于结果中的单位表达，可采用国际通用计量单位，并对换算过程加以说明。

四、复核、审核人员把关

检测人员待每个检测项目完成后，交复核人员对检测原始记录进行项目复核，复核人员必须对检测人员的原始记录复核，特别是对检测结果有影响的数据进行必要的计算。如复核人员发现检测数据异常或对该类样品的结果产生疑问时，应提醒检测人员对检测过程产生的数据进行核查或再测试确认。复核人员完成对原始记录复核后签字确认。复核完成后检测报告（底稿）编制人将检测结果有关信息填写在检测报告（底稿）的有关栏目中，并按照检测项目类别整理所有检测过程原始记录和流转卡等资料，提交审核人员审核。审核人员对检测项目内容与"样品流转卡"所示内容是否相一致；检测原始记录、检测报告（底稿）上各项目是否填写清楚，格式是否规范，结论正确与否；采用的检测方法、仪器使用是否正确有效；计算结果，所用数值单位和有效数字的修约是否正确规范等逐项进行审核。复核人员、审核人员要层层把关，不放过任何疑点，杜绝差错事故发生。

五、检测报告单的编制

（一）检测报告格式

检测报告不仅代表实验室的公正性和技术能力水平，还是检测质量规范性管理结果的技术文件，应合理设计才能够体现受社会重视，符合客户要求，充分说明检测结果所必需的和所用方法要求的全部信息。设计的检测报告还应符合《检测和校准实验室能力认可准则》的要求，使检测报告包含足够完整的信息。检测报告格式的设计，由质量负责人组织实施，报第三方检验检测机构获准后方可投入使用。

（二）掌握CMA使用范围

检验检测中心通过计量认证后，在通过计量认证范围中的检测项目报告单上印有CMA章，对于不在计量认证范围中的项目，不能出具检测报告，以防超范围使用。

（三）检测报告的校核与签发

工作人员完成检测报告的编制后，应由专职人员进行校核，最后交付授权签字人核对签字确认、加盖公章后生效。

六、检测报告的修改

如果在审核检测报告过程中，发现报告数据与原始数据记录存在差错，应由检测人员负责在原始报告资料中按规定要求进行更改，如果是检测报告打印错误，样品收发室应负责重新打印检测报告单，所有错误的检测报告单应及时注销。在原始报告资料中进行更改时，应在原字样处画两条横线，然后在其上方重新填写正确数据，并在右上角由更改人签字盖章。对需要进行多次更改的，必要时应另行填写。对已签发的检测报告需作重大或实质性修改时，应将原检测报告收回，重新发布全新的检测报告书，备注唯一性标识，并在检测报告适当位置做出声明，并注明所代替的原检测报告。

七、检测报告书的发放

授权签字人签字批准、盖章后的检测报告书，由样品收发员负责发放。检测报告书发出时，应及时登记，由客户自取的检测报告应在检测报告登记册上签名。如客户要求用传真、电子邮件、电话或其他方式发送时，样品收发员应核对对方的身份和单位，然后才可发送。发放时需核实检测报告传送过程中数据的完整性、正确性和保密性。

八、对检测报告有效性有异议处理

对未发出的检测报告，如发现准确性、有效性存在疑问，审核人、批准人有权要求实验室对原样进行复检，并重新审核。对已发出的检测报告，如果发现准确性、有效性存在疑问时，应立即书面通知客户，并将情况及时通报技术负责人和质量负责人，及时按照规定进行修改。客户对检测报告提出的一般性疑问,由技术质量管理部门负责人负责处理;对重大的疑问应由质量负责人负责处理,必要时请示检测中心主任。

九、检测报告归档

检测报告应一式两份,正本发放给客户,副本应包括检测报告书及检测报告(底稿)、抽样单、委托协议书、样品流转卡和检测过程的原始记录等资料,由样品收发室负责汇总整理成册后归档,并定期交档案管理员归档保存。

第六节 档案管理

由于人们生活水平的不断提升,人们对产品质量的要求越来越高。根据大量的研究数据表明,为了有效保证产品质量,做好检验检测机构技术档案建设与管理工作具有非常重要的作用,能够有效减少资源浪费。鉴于此,本书主要分析检验检测机构技术档案的建设与管理,从而保证检测工作能够顺利开展。

一、检验检测机构技术档案建设与管理

根据国家相关要求,从事实验室检测工作的技术人员需要具备良好的档案建设能力,从根本上保障检测机构技术档案建设工作与管理工作的顺利进行。通过分析检验检测机构技术档案建设与管理,能够有效减轻检验检测机构技术人员的工作压力,提高其工作效率。在这个过程中,检验检测机构技术人员需要不断提高自身的专业技

能，在保证检验检测机构技术档案建设与管理工作顺利开展的前提下，减少资源浪费，保证各项检测数据得到更好的利用，满足人们对产品质量的要求。

除此之外，完整的检验检测机构技术档案也是检验检测机构技术人员管理的重点，检验检测机构中的技术人员需要结合企业的实际经营情况，从根本上保证检测数据的准确性。在这个过程中，检验检测机构技术人员需要严格遵守国家各项规章制度，保证检验检测机构技术档案数字化，并对其进行动态管理。由于我国检验检测机构技术发展比较缓慢，技术人员需要进行积极探索，不断提高检测数据的精确性，保证检验检测机构技术档案得到更好的建设与管理。

二、检验检测机构技术人员技术档案管理需要注意的问题

对于检验检测机构技术人员来说，在进行档案管理的过程中，需要注意以下几个问题。

（1）检验检测机构技术人员可以采取"一人一档"的管理方式，为了保证检验检测机构技术人员的工作质量，采取"一人一档"管理方式，能够有效提高检验检测机构技术人员的专业素养，降低人员的流动率。

（2）检验检测机构技术人员需要收集准确的技术档案，并将文件收集贯穿到平常的工作当中，如业务报告与工作总结等，在日常生活中，均可以对技术档案进行收集。

（3）检验检测机构技术人员可以结合下层技术人员的工作情况，并结合企业的实际运行情况，制定相关的管理制度，定期对技术人员进行专业培训，提高技术人员对其工作的重视。

为了有效保证检验检测机构技术人员的工作质量，检验检测机构不仅需要定期对检测机构技术人员进行专业培训，还要定期进行

专业考核，针对考核不合格的技术人员，需要加大培训力度。另外，检验检测机构技术人员经手的档案，需要将原件进行存档，并复印个人证件，留作备案。归档的文件，需要字迹清晰，检验检测机构技术人员需要采用专业的笔纸，保证档案得到更好的建设与管理。检验检测机构技术人员在实际工作当中，需要详细了解工作人员的动态信息，保证档案信息得到更好的管理。

三、检验检测机构技术档案的建设与管理

（一）检验检测机构的建设与技术档案建设共同进行

根据国家相关规定，检验检测机构技术人员需要进行两个方面的审查工作，分别是计量认证与审查认可。为了保证检验检测机构技术人员能够更好地投入到工作当中，国家还颁布了相关的法律法规。检验检测机构技术人员在实际工作当中，需要严格遵守各项规章制度，并结合企业的运行情况，制定相关的管理制度，从根本上保证检测数据的准确性，减少资源浪费。

除此之外，检验检测机构技术人员在档案建设的过程中，需要将检验检测机构的建设与技术建设进行有效结合，并定期进行审查认可，保证检验检测机构技术档案建设与管理工作能够顺利进行。在收集技术档案的过程中，技术人员需要不断规范相关的技术档案，保证技术档案建设工作的顺利开展。为了保证检验检测机构技术人员的工作质量，检验检测机构需要定期对技术人员进行考核，做到持证上岗，从根本上保证检验检测机构技术档案得到更好的建设，不断提高技术人员的专业素养。

（二）检验检测机构技术档案的建设需要满足认证要求

研究表明，检验检测机构中的技术档案资料主要分为六个部分，为了保证技术人员能够更好地投入到工作当中，做好相应的档案建

设工作具有非常重要的作用,这六个部分主要包括组织设置、人员素质、管理手册、仪器设备、环境条件和检验工作。为了有效保证认证质量,检验检测机构技术人员需要围绕这六个方面进行工作,并进行详细分工。本书主要介绍其中三个方面。对于检验检测机构中的组织机构来说,相关工作人员需要建立独立的管理制度,在一些专用场所,由于检验检测机构业务具有一定的独立性,工作人员需要不断完善该管理制度。在建设检验检测机构技术档案的过程中,需要收集大量文件与核验报告等,从而提高检测数据的精确性,以此证明检验检测机构技术档案的独立性。另外,相关工作人员还需要定期向上级部门汇报制度的执行情况,从根本上保证检验检测机构技术档案的建设质量。

要想保证我国检验检测机构的权威性,就需要不断提高检验检测机构技术人员的专业素养,可以结合检验检测机构技术人员的实际工作情况,制定相关的管理制度。另外,也合理结合检测数据的利用情况,建立一套完整的检验检测机构技术人员的档案资料,并对检验检测机构技术人员定期进行考核。在这个过程中,如果技术人员的考核不过关,不仅要加大培训力度,还要认真审查其各项证书,保证检验检测机构技术人员满足档案建设的要求。

(三)检验检测机构技术档案的管理

为了有效保证检验检测机构技术档案得到更好的管理,相关技术人员需要充分认识到自身工作的重要性,通过严格管理各项档案资料,能够有效保证技术档案的完整性。由于检测技术资料室环境需要严格控制,技术人员需要具备良好的专业素养,技术人员在实际工作当中,需要不断提高自身的专业技能,可以利用自身的业余时间进行学习,从根本上保障检验检测机构技术档案得到更好的管理。

在建设档案的过程中，对反映仪器设备的各项性能有一定的要求，如设备的完整率等。检验检测机构技术人员在实际工作当中，需要定期检查维修各项反映仪器设备，并及时进行归档，保证各项检测数据得到更好的分类，从而保证档案建设工作的顺利进行。另外，检验检测机构技术人员之间需要积极配合，严格遵守国家规定的各项制度，将各项档案资料统一管理与编号，为日后的查阅与管理工作打下良好基础。

除此之外，检验检测机构技术人员需要主动参加各项专业技能培训，在保证档案管理质量的基础上，有效满足各个检测机构的要求。由于我国检验检测机构技术档案内容比较复杂，所以技术人员在实际工作当中，需要具备较强的责任心。为了保证检验检测机构技术人员能够更好地管理档案，管理人员也可以采取相应的奖励措施，提高技术人员对其工作的重视，并充分调动技术人员的工作积极性，保证检验检测机构技术档案的管理质量。

综上所述，通过研究检验检测机构技术档案的建设和管理，能够帮助相关工作人员更好了解检验检测机构技术档案建设与管理的实际情况，并针对其中存在的问题，采取相应的解决措施。但是，检验检测机构技术人员在实际工作当中，依然会遇到很多困难，这就需要技术人员不断学习先进的档案建设与管理知识，提高自身的专业技能，从而保证检验检测机构技术档案建设与管理工作能够顺利开展。

第三章 检验检测机构检测过程管理

第一节 抽样和样品管理

一、抽样管理

抽样检测技术属于质量技术监督工作中的一个重要部分，是质量技术监督工作中不可缺少的步骤，其检测的结果可以给相应的行政处置提供可靠依据，对行政处置具有至关重要的作用。由此可见，合理可靠的质量检测是非常重要的。但是有些质检部门对抽样检测不够重视，对抽样检测的知识了解比较片面，在实行检测的过程中又没有起到良好的监督作用，导致抽样检测的结果偏离事实，造成质量事故发生，影响重大。因此，对于抽样检测技术，人们应该要全面了解。

（一）抽样检测的概念

抽样检测是通过随机抽取一批产品中的几个或者几十个进行检测，检查该产品是否合格，利用统计原理以及概率论原理进行分析检查该产品整体是否具备合格的质量。现在的抽样检测按照检测的目的可以分为三种：首先是监督抽样检测，起到一种监督的作用，由第三方来对该产品进行检测并判断其是否合格是否可以生产；其次是验收抽样检测，起到验收的作用；最后是交易抽样检测，起到交易的作用。

（二）质量监督中抽样检测的特点

在进行质量技术监督工作时，抽样检测具有独特的特点。

首先，突然性。第三方对企业产品进行抽检时是不提前通知商家的，这种检查属于突击检查，令商家没有任何准备，这样第三方面临的是一个真实的状况，更能反映产品的实际质量，使得抽检的结果更为可靠、真实、符合实际。

其次，权威性。一般实行质量监督检测的第三方属于监管部门，直接受命于政府组织，对受检方具备完全的权威，在检查过程中可以要求受检部门如实提供样品并进行配合。

最后，开放性。当受检部门以及企业有相关问题或者建议提出时，监管部门应该按照要求进行回答以及解释，这些问题可以包括质检的程序以及评定原则等，对其提出的建议监管部门要合理参考。

（三）抽样检测中存在的问题

1. 抽样检测不够规范

虽然目前已出台相关抽样检测的具体规范，但是由于工作人员在实行过程中往往不能严格按照标准进行抽样检测，抽样检测行为比较随意，直接影响到了抽样检测的结果。例如，在抽样检测的过程中由于工作人员懒散不按照标准要求进行相应数量的检测，使得抽检试样数量不够，导致一些不合格产品逃过检测，造成严重的后果。再如，有些检测人员知识掌握不到位，在检测的时候不能做到准确合理评定，错评或者漏评产品的质量，导致质量不过关的产品被错判为合格产品，直接对市场造成不好的影响。有些工作人员自身素质不够，例如在检测的过程中脱离岗位或者收受贿赂，都会使得检测结果出现问题。像这种不规范的行为对于产品的质量检测结果有很大影响，使得检测结果不再具备可靠性和保障性。

2. 抽样设备过于陈旧

在质量检测过程中，抽样检测设备也非常重要，如果抽样检测设备过于陈旧，在检测过程中会产生以下三方面的影响：一是容易出现故障导致检测无法进行；二是设备陈旧检测结果容易出现偏差；三是设备陈旧无法运用到新型产品的检测上。因此，设备过于陈旧对于检测的结果来说影响非常大。由此可见，抽样检测的设备要进行定期检修和更换，并且要保证检测设备的数量和质量，保证质量抽样检测的结果具有准确性。如果因为设备陈旧的问题导致检测结果出现问题，就会引发一系列的后续事故，影响严重。

3. 抽样检测相关技术的培训不够

抽样检测相关技术包括对样品的制备、运输、储存、检测、分析等技术，这些技术都会直接影响检测结果的可靠性。现在很多检测人员，由于缺乏专业的培训，对相关知识掌握不够，因此不能完全正确地对样品进行检测，导致检测结果不具备保障性。

（四）提高抽样检测技术的对策

1. 增强职业道德，提高责任意识

对于抽样检测工作人员来说，具有高尚的品德以及职业道德非常重要，因为他们在这个岗位上会面临着受检部门的诱惑，有些受检部门为了免检会贿赂相关人员，来更改抽检结果。因此，检测人员一定要具备职业道德坚持立场，完成自己的工作。另外，检测人员也要具备责任意识，严格按照相关要求以及标准进行检测，确保检测结果的正确性，若遇到弄虚作假的部门要进行严厉对待，戳破假象进行严格检查。

2. 更新检测的设备

检验检测机构对于检测设备要加大投资，即时进行更新，并且要确保检测设备的数量以及质量。在每次的抽检开始之前和结束之后，都要针对抽检时采用的设备进行维护和保养，定期地进行检测设备的检查，针对不同的产品应用不同的检测设备，如此才能确保检测结果的可信度。

3.加强抽检人员的培训

监管部门应该成立一支专业的抽样队伍，培养他们的专业技能，并且教育他们掌握相关的法律知识，一方面提醒他们遵守法规；另一方面也帮助他们学会维护以及合理使用自己的权力。除此之外，也可以提高他们的学习以及探索能力，使其对抽样检测的方案能够进行整合，进一步提高检测结果的准确性以及可靠性。

综上所述，抽样检测技术是职能部门和政府部门对企业产品和服务质量技术监督的主要手段。要想提高抽样检测的效率和水平，工作人员就必须在实际的工作中认真落实相关抽样技术的条规，加强抽检技术人员队伍建设，同时及时更新检测设备，保证检测过程中的实效性。

二、样品管理

样品管理是食品检测工作的一个重要环节，样品的质量直接影响到检测结果的准确性、公正性和有效性，本书介绍了检测机构样品的管理内容，对样品的接收、标识、制备、流转、存储和处理等环节进行阐述，并就样品管理的质量控制进行探讨。

检验检测机构的样品管理是检测过程中的重要环节，是保证检测数据准确性和可靠性的前提。任何环节的偏差，都有可能影响到样品的代表性、可靠性及数据的准确性。因此，工作人员要加强对样品管理的质量控制，提高样品管理质量，从而确保整个检测工作的质量。

（一）样品的接收

检测机构的样品一般分为两种，一种为委托检验样品；另一种是抽样检验样品。

1. 委托检验样品的接收

客户将样品送至样品接收部门后，填写委托单，委托单内容应包括委托单位名称、样品名称、联系人、联系方式、执行标准、要求的检验方法、样品量、要求的检验指标、报告份数和要求报告期限等信息。经办理人员将样品与委托单信息进行核对，重点核对样品名称、数量、执行标准、检验指标等，确认样品状态、包装，必要时还应对检验要求进行合同评审。如均符合相关要求，客户和经办人员在委托单上签字确认；如不符合相关要求，应不予受理。如为邮寄样品不符合要求，应对其进行拍照，及时联系客户。

2. 抽样检验样品的接收

抽样人员将抽取的样品送至样品接收员处，样品接收员必须检查抽样单信息是否齐全，并依据抽样单对样品进行核对，主要检查样品的规格型号、数量、样品类型及等级等基本信息，对样品的状态、完整性、符合性、有效性以及对于检验要求的适宜性进行检查并记录。检查应具有完整性、有效性和符合性。经验收与抽样单不一致或不符合检验要求的样品，应及时告知抽样人员。

3. 样品的识别与标识

样品接收员应对已接收样品进行识别，并进行唯一性标识，以保证样品在制备、流转、检验、贮存和处理等过程得以识别，不与其他样品混淆，还可确保样品的可追溯性。样品唯一性标识是样品管理的关键，样品的标识一般包括样品编号和样品状态标识。每个样品均应有其唯一性编号，一般以"样品类别编号+年代号+流水号"作为样品编号。样品状态标识包括留样、待检、在检、已检，以保证样品在实验室的流转、保存及处理。

(二) 样品的流转

样品流转至实验室后,各检测组应对样品进行交接验收,查看样品状态是否正常、信息是否齐全、检测项目与方法是否合理,并做好相应的流转记录,在样品标识上勾选相应状态,以保证在流转过程中样品的代表性、完整性和有效性。若发现样品异常,如包装破损、内容物变质或检测要求不合理等,应及时通知业务部,由相应业务员与客户联系,说明情况并对样品进行确认,保留相应的记录。

样品流转过程中还应保证样品的安全,防止样品混淆、污染或丢失,并在样品检测完成后,将剩余样品及时归还给样品管理员。

(三) 样品的制备

样品的制备是检测工作中的重要环节,是准确检测样品的第一步。工作人员制备样品前应认真学习并掌握产品的相应标准、试验方法、环境条件及技术要求,并保证制样场所的环境条件符合规定要求。制备样品时应保持其原有的理化指标,选取需要检测的部分,依照检测要求进行破碎、研磨、混合等操作,保证样品的均匀性。制备器具要干燥清洁,防止样品制备时出现交叉污染。制备好的样品应及时封装,并粘贴相应的样品标识,样品标识应保证正确、完整以及唯一性。

(四) 样品的保存与处置

检测机构应任命专人对样品进行管理,并单独设置样品间保存样品,必要时还应配备相应的设施设备(如冷库、冰箱、冰柜等)。样品间应保证安全、干燥、通风、清洁,由样品管理员对其环境条件(如温度、湿度等)定期监控,并做好监控记录,以保证样品间的环境条件符合相应要求。样品管理员应依据样品的保存条件要求对样品进行分区分类管理，如对肉制品、冷冻食品等食品样品一般用冰箱、冰柜进行冷冻储存；对调味品、粮食加工品等不易腐败的食品样品，一般采用常温储存；对易腐败变质的肉制品、糕点类等食品样品一般用低温冷藏柜进行低温储存；对于特殊样品应单独放置；对于不合格样品应采取隔离措施，防止交叉污染。

检验检测机构应依照要求对样品进行保存。一般样品的保存时间为三个月，对于不合格样品，保存时间为六个月。到保存期限的样品应根据相关要求确定是否需要退还给客户，需要退还的联系客户退还，并做好退还登记，客户和退还人员都应在登记本上签字。逾期未领取和不需退还的经技术负责人同意后，进行相应处理，但是在处理记录上必须做好处理方式及处理时间等相关记录，处理人员还应签名。

样品管理几乎涉及食品检验的全过程，其工作质量直接影响到检测结果的准确性，关系到客户的样品、附件、检验结果等有关信息保密性，还关系到检测事故发生是否能追溯事故原因及准确采取处理措施。因此，检验检测机构应加强对样品管理的质量监控，从源头上保证样品质量的稳定性、可靠性，从而保证检测结果的准确性，更好满足客户要求。

第二节 试验仪器设备检定校准和量器校准的注意要点与影响因素

一、试验仪器设备检定校准的必要性及注意要点

检测数据准确度的重要性对于施工生产来说不言而喻。而仪器设备是试验室开展检测工作所必需的工具，也是保证试验检测工作质量，数据准确的重要途径。校准的主要目的是确定计量器具的示值误差，确保计量器具给出准确的量值。校准是测量仪器计量确认的一个环节。在确定示值误差的过程中，可能会产生修正，修正值可能会随条件的变化而改变。在试验检测过程中对计量器具的示值结果进行修正，可以适当补偿系统误差，下面就以公路工程试验检测机构为例，简述仪器设备校准在公路工程施工检测中的必要性及检测过程中应该注意的几个要点。

（一）必要性

(1) 公路工程试验检测机构数量多，尤其是工地试验室流动性强，仪器设备要通过多次拆卸、搬运、安装，致使部分仪器设备性能衰减较快，性能不稳定，并且仪器设备技术监管较弱，技术规程不完善，管理水平有待提高。

(2) 仪器设备在保管使用过程中，受外界环境，仪器自身老化以及磨损等诸多原因的影响，其性能会发生变化，有可能误差超出允许范围。如果用这些误差大的仪器设备检验产品，必然会导致不合

格产品产生而不能被发现,其测量数据结果必然不可靠。为了保证仪器设备的精确度,需要对仪器设备进行检定、校准,从而保证仪器设备准确,数据可靠。

(3)在现行标准的变化和更新下,部分仪器设备不能满足要求,需要经过检定、校准,看是否满足现行要求,如若不能满足要求,需要及时更换。

(二)注意事项

(1)仪器设备使用前先进行验收,看是否有合格证,说明书、配件是否齐全,功能是否能满足试验参数要求,量程是否与被测产品的参数技术指标相适应。所有仪器设备、标准物质均应有明显的标识表明其所处的状态。保证仪器设备处于正常的使用状态,若发现异常坚决停用。

(2)区分检定和校准。检定是国家强制检定,是自上而下的量值传递。校准是不具有强制性,是自下而上的量值溯源。评定示值误差,是组织自愿的溯源行为,比如公路工程试验检测中通用的压力机、天平、玻璃器皿、游标卡尺等标准器具需要强制检定,试验室能自行校准的仪器设备采用自校的方法。

(3)建立健全仪器设备使用台账,按照检测类别进行分类建账。其内容包括仪器设备的型号规格、检定、校准部门、检定周期、使用部门、保管人、校准日期等信息。工作人员根据分类账就可以分清仪器设备的状态情况,以便为开展仪器设备的周期检定提供依据,随时掌握仪器设备保管、使用、流动情况,以便合理安排周期检定,根据仪器设备使用情况制定检定校准计划安排。

(4)根据实际需要罗列出哪些是强制检定,量值溯源至国家或国际计量基准;哪些是自校,确保在用的试验检测仪器设备量值符合计量法规定。当溯源不可能时,则通过试验室间比对试验、能力验证等途径提供证明。总体要求对每一类、每一台仪器设备通过何种方式实施溯源做出具体规定。在使用仪器前，首先应校准仪器，把标准器具送到质量监督局检定，用检定过的标准器具按照校准指南逐条校准。我国实现量值统一的方式有量值传递或量值溯源，由质量技术监督局检定的贴检定标识，试验室自行校准的贴自校标识，标识包含检定周期、检定单位、检定日期、检定人等有效信息。

（5）根据需要添置必要的标准器具和辅助设备。仪器设备检定校准到期后，相关部门要制订检定校准计划，罗列出需要添置的仪器设备及配件，包括标准器具。标准器具添置后要送到上一级质量技术监督局检定，用检定后的标准器具校准相应的仪器设备，保证仪器设备量值能够溯源。校准人员要及时了解量值传递程序，熟悉仪器设备的自校规程、仪器设备的基本性能、标准器具的使用。从仪器设备检定系统的编制过程中可以发现哪些仪器设备周期检定还缺少计量标准工具，以便及时添置。

（6）仪器设备检定、校准过程中要结合本单位的实际情况，在保证量值准确传递的前提下，尽量做到经济合理。因为每采用一种新标准，检验检测机构不仅要添置新的计量标准，而且还需要配备必要的配套设备及相应的技术力量，要综合考虑经济费用。因此，检验检测机构应将开展周期检定所需要的费用与仪器设备直接送上级计量部门检定，所需要的费用经比较后再做决定。

（7）检测数据的准确性直接关系到检测能力及检测结果的公正性，因此应对仪器设备进行周期性检定，避免仪器设备使用过程中随时间变化，计量发生偏移，使其超出允许误差。试验室以校准的方式实现量值溯源具有充分的法律依据，一般考虑使用频率、维护和使用记录，考虑工程实际需要，制定合理的周期。除强制检定外，校准工作还遵循"经济合理、就地就近"原则。

(8)检定、校准后产生的修正系数。部门负责人及时通知相关人员,每一台仪器经检定、校准后修正系数应粘贴在仪器醒目位置,以备使用过程中调整、应用,确保仪器使用的准确性、精确度、可靠性。

(9)校准记录填写过程中要注意尽量填写齐全,实事求是,客观公正,有修正的一定要填写清楚,一并放入仪器设备档案中,以备日后查看。检定结果出来后要及时确认。

(三)保证措施

(1)检验检测机构要对因仪器设备性能差,量值溯源问题引起的工程施工质量、安全隐患给予足够重视,全员思想上要引起重视,保证量值的准确可靠,编制科学、实用的校准方法,有效开展校准工作;建立校准人员培训、继续教育机制;建立校准数据和校准记录;建立标准器具管理制度,由专人负责实施。

(2)检验检测机构应配备足够的满足工作需要的标准器具。标准器具应定期进行溯源,检验检测机构应保证机构内有校准资质证的人员不少于两人,且其要具备一定的计量基础知识,以保证量值的有效性。

(3)校准环境符合相关要求。校准结果的记录应足够详细,以证明所有仪器设备均能溯源,记录信息应包括完成校准的日期、周期、环境的说明,必要的修正、校准审批人员的标识。

(4)各检验检测机构间比对、能力验证也是仪器设备校准的一种方式,也可以用两台同类设备比对的方式,检查测量结果的可靠性。各检验检测机构每年要进行1~2次的比对,促使其改进自身的不足。仪器方面应按照校准方法校准仪器,使仪器设备更加精确,检测数据更加准确、可靠。

(5)加强学习。检验检测机构应学习兄弟单位的先进技术和思想,积极参与上级单位的相关培训,学习相关的书籍,融会贯通。

总之，试验室仪器设备检定和校准是一项重要而又烦琐的工作，需要专业的水平和足够的耐心，部门领导要意识到这项工作的重要性和必然性，更要重视支持这项工作，确保仪器设备精确，数据准确可靠，更好地指导施工生产，从而创造更大的经济效益。

二、常用玻璃量器衡量法校准影响因素

玻璃量器是化学分析实验中使用非常普遍的计量器具，它主要包括滴定管、容量瓶、分度吸量管、单标线吸量管、量筒、量杯六种。玻璃量器的量值是否准确可靠，将直接影响化学标准溶液、标准物质的量值以及化学分析测试结果的准确性。因此，必须对常用玻璃量器实施校准，以保证容量量值的准确可靠。

玻璃量器的校准方法有衡量法和容量比较法两种。衡量法通常用于标准玻璃量器、常用玻璃量器（A 级）、微量量器和其他高准确度量器的容量检定；容量比较法是通过介质采用标准量器的容量与被检量器的容量进行直接比对的方法，其计量准确度低于衡量法。衡量法的影响因素如下。

（一）玻璃量器的清洁程度

在玻璃量器的校准中，量器内壁的清洁度是获得准确结果的前提条件。对于容量瓶，内壁的不清洁会产生畸形弯液面或平坦的弯液面，直接影响弯液面的正确观察与调定，从而导致测量结果偏低。另外，内壁的不清洁还会造成弯液面形状的不稳定，即在同一分度线上，几次调定的弯液面形状不相同，也会影响液面的观察与调定。

对于吸量管和滴定管，内壁不洁会导致"挂水"使排出的水量减少，如果内壁沾有油类物质，则液膜不能正常形成，使管内的残留量减少，排出的水量增加。因此，吸量管和滴定管内壁不清洁，造成测量结果的误差可能为正，也可能为负。为了减小量器内壁不清洁

对容量校准的影响，校准之前最好用重铬酸钾—浓硫酸洗液浸泡清洗量器，用纯水清洗洁净，保证内壁不挂水，使其清洁度达到校准要求。

（二）弯液面最低点的观察方法

1. 液面的观察和调定

液面的观察和调定直接影响测量结果，是产生测量误差的重要因素。

我国与国际标准一致，均采用弯液面最低点作为凹液面调定和读数的标志。调定液面时，应使弯液面最低点与分度线上边缘的水平面相切，观察时视线应与分度线上边缘在同一水平面上。

容量瓶和吸量管的分度线均是围线，观察者的视线应与量器的前后两部分围线的上边缘相重合，即视线应与围线上边缘处于同一水平面上，使弯液面最低点与围线上边缘相切。

由于操作者的个人习惯，调定液面时，视线可能高于或低于真实的分度线位置。液面调定后其最低点偏离分度线水平面的距离为 h，则 h 即为视线偏离水平面所引起的视差。一般操作者在调定液面时能将液面调定误差 h 控制在 0.2 mm 左右，熟练的操作者能够控制在 0.1 mm 左右。设视线偏离水平面引起的测量误差为 ΔV，它与量器的直径 D 成正比，可根据圆柱体积公式求得测量误差 ΔV：

$$\Delta V = \frac{\pi}{4} D^2 h$$

虽然具有围线的量器有助于调节视线的水平，避免视线不水平所造成的视差，但调节视线使围线前后部分的上边缘相重合时，其重合程度与操作者的操作方法有关，由于操作者眼睛的分辨能力存在差异，也会产生液位视差，约为位移距离的 1/2。一般操作人员的眼睛分辨力在 0.1 mm 左右，若观察围线时前后部分上边缘偏离约 0.1

mm，则所产生的液面视差约为0.05 mm。当量器内径大于5 mm时，视线不水平所引起的视差较大，则产生的测量误差较大。

2. 使用遮光带正确观察液面

水的弯液面由于光的折射和反射作用有3层，第1层（上层）和第3层（底层）在光线照射下色泽较浅，第2层（中间层）色泽稍深且呈阴影带。弯液面底层轮廓的最低点才是真正的弯液面最低点，其上层和中层阴影带只是光线折射和反射的结果。

如果操作人员按各自的习惯，以弯液面的中间层或底层轮廓的最低点进行读数和调定液面，对于通过上下两个液面读数的量器（如滴定管），由于系统误差，可能造成的影响不大；而对于仅以一个液面读数的量器（如容量瓶）则会产生较大的测量误差。因此，观察液面时应以白色为背景，并在弯液面以下不大于1 mm处，放置一条黑色纸带或用一小段切开的黑色橡皮管箍在量器管壁上，以便遮去杂光。黑色纸带应紧靠量器管壁放置，此时液面底层呈现黑色，且轮廓分明，从而提高了液面观察与调定的准确性。

经实验，100 mL容量瓶是否使用遮光带正确观察液面，其测量结果相差约0.03 mL，不加遮光带测量结果易偏低。

（三）量器温度、水温、室温的影响

1. 量器温度、水温、室温三者差异的影响

一般空量器的温度取决于室温，盛水量器的器壁温度除了与室温有关外，主要取决于水温。当环境温度较高或较低时，非中央空调控制的实验室需使用空调进行较大幅度的降温或升温来控制实验室温度，此时若量器温度、水温和室温三者温度的不一致将会造成较大的测量误差。若水温与量器的实际温度相差Δt，玻璃体膨胀系数为β，量器容量为V，则由此带来的容量误差ΔV为：

$$\Delta V = V\beta\Delta t$$

若 Δt 为 1℃，则 10 mL 量器引入的容量误差为 2.5×10^{-4} mL；100 mL 量器引入的容量误差可能为 2.5×10^{-3} mL。

储水瓶与空调安放的相对位置至关重要。因为空调室内整个空间的温场分布情况复杂，其温度梯度往往很大，易造成室内不同高度、不同位置上的室温不均衡。如果储水瓶的位置摆放不合理，使水源与量器处于不同的温度，二者存在较大的温差，也会造成较大的测量误差，此种情况复杂，较难量化。

用衡量法对量器进行容量校准时，实验室应具有稳定的环境条件，室温、水温必须满足规程要求，至少提前 4 h 将被检量器放入工作室确保量器温度、水温和室温基本一致；另外，合理安排纯水、天平、量器与恒温装置送风口的相对位置，以减小环境条件对校准的影响。

2. 水温测量误差对容量测量的影响

测量过程中，测量的水温并不是贮水瓶内的水温，而是量器内的水温，准确来讲是在调定或读取液面时量器内的水温。由于工作室温度的变化会导致水温的变化，若不及时准确地测量也会造成误差。

（四）空气密度的影响

对于一般工作量器的容量测量，空气密度通常取平均值 1.20 kg/m³。当准确度要求较高，如检定标准玻璃量器，或在某些地区空气密度偏离平均空气密度较大时，需对空气密度进行测量。若实际空气密度与约定值不一致，将对被测量器的量值造成误差。

空气密度与实验室温度、气压、湿度有关，室温、气压或湿度的变化都会引起空气密度的变化，从而给测量结果带来误差。该误差的大小根据下式计算：

$$k(t)\frac{\rho_B - \rho_A}{\rho_B(\rho_W - v)}[1 + \beta(20 - t)]$$

式中 ρ_B ——砝码密度，取 8.00 g/cm³；

ρ_A ——实验室内的空气密度，g/cm³；

ρ_W ——t℃时纯水的密度，g/cm³；

β ——被检玻璃量器的膨胀系数，℃⁻¹；

t ——检定时纯水的温度，℃。

称量结果的误差取决于空气密度的变化量。一般恒温室空气密度的变化量最大不超过 ±2.5%，空气密度的变化引起 $k(t)$ 值的差值为 $3.0×10^{-5}$ cm³/g。

（五）操作过程的影响因素

1. 水液蒸发的影响

水液蒸发对测量结果也会产生一定的影响。测量过程中为减小水液蒸发的影响，容量检定中必须对称量杯（瓶）加盖，并尽量缩短称量时间，否则将造成测量结果偏低。

吸量管和滴定管在排液时液流表面与空气接触，也会有一定的蒸发损失。如果水流呈分散状或水流冲入称量杯使液面溅起大量的小水珠时，会加速水液的蒸发。因此，校准吸量管和滴定管时，建议使用 100 mL 的具塞三角瓶作称量瓶。

量出式量器中水的质量是通过称量杯（瓶）称量的。在空杯和盛水时的两次称量中，称量杯是否衡重将直接影响到表观质量。校准过程中，擦干后的湿称量杯，由于吸附了空气中的水分，其表面会逐渐变得湿润。经过一定时间后称量杯表面的水分与空气中的水分达到平衡，称量杯才能达到衡重。因此，对于高精度测量和小容积测量，此误差因素不可忽视，建议对刚擦干的称量杯放置 3 min 以上再使用。

2. 容量瓶的校准

注水方式不合理也会造成容量瓶测量结果误差。注水时勿用漏斗，采用漏斗易产生气泡。注水过程要特别注意降低水流速度，使其尽量沿容量瓶刻度线以下内壁缓缓流入，过急的水流易产生气泡，造成测量结果偏低。

操作者的大拇指和食指应握在具塞瓶口处，手不可直接接触瓶体的注水部位，以免人为造成量器温度、水温的变化，导致测量结果偏低。

3. 吸量管的校准

量出式量器，水的流出时间、量器的垂直状态和流液口的状态，都会直接影响量出体积的准确性。

吸量管属于量出式量器，其排液时间的长短直接影响量器内残留液体量，造成测量结果的差异。吸液时，不要使液面高于标线太高，否则吸量管非计量部分沾过多的液体，在调定液面和排液时流下来，造成测量结果偏高。

调定液面或排液时，吸量管均应垂直放置，其流液口与称量杯（瓶）内壁相接触，称量杯（瓶）须倾斜30°，两者不能相互移动。为保证液体完全流出，当液面下降到流液口，吸量管从接收容器上移开以前，可等待约3 s，保证测量结果的准确性。另外，不能在吸量管悬空时调定液面或排液，以免造成测量误差。

4. 滴定管的校准

滴定管校准时，水的流出时间、滴定管的垂直状态和流液口的状态都会直接影响其量值的准确性。

具塞滴定管的塞、无塞滴定管的下部流液嘴，均应配套使用，不同号的不能使用。使用具塞滴定管，转动活塞时不要向外拉，以免活塞芯移位造成漏水，也不要用力向里扣，以免使活塞芯对套压迫太紧而转动不灵活。使用无塞滴定管时，手捏住流液口使之垂直不摆动，并在玻璃珠部位往一旁捏皮管，使水液从玻璃珠旁缝隙处完全流出。

调零前，须检查滴定管流液口有无气泡。调定零位时，不要使液面超出标线过高，否则非计量部分沾过多的液体，在调定液面和排液时流下来，会造成测量结果偏高。滴定管排液时，流液口不得与杯壁及液面相接触，并且称量杯要防止水液溅出和蒸发损失。防止具塞滴定管的流液口因油脂涂抹过多，堵塞活塞孔和流液口，延长排液时间造成测量结果的差异。

为了使滴定管（乳白背蓝线衬背的滴定管除外）弯液面清晰可辨，观察者可于弯液面下不大于 1 mm 处，紧靠滴定管上衬遮光带观察。若分度线不是围线，可使用辅助围线方法，使视线与弯液面最低点处在同一水平面上，从而提高液面观察与调定的准确性。

常用玻璃量器校准结果的准确性受多种因素影响，在实际操作过程中，由于实验室测量器具和操作人员不同，往往容易忽视对某些影响因素的研究和评价，造成校准结果的不准确和不统一。笔者探讨了玻璃量器的清洁程度、弯液面的观察方法、量器温度、水温、室温、空气密度、操作过程等对校准结果的影响程度并给出了合理的技术建议，对实施常用玻璃量器校准、保证校准结果的准确和统一具有重要的意义。

第三节 计量仪器检定

质量问题在任何领域都属于一项重要问题,保证质量不仅有利于提高企业的信誉和形象,同时也是对产品用户负责。检验检测机构作为对产品质量进行检测的一个主要部门,目前已经得到了社会各领域足够的重视。在质检过程中,检测仪器的使用非常必要,而其中的计量检定工作也是必不可少的,但就目前的情况看,我国在质量检测仪器的计量检定管理方面还存在着诸多问题需要完善,有关部门及人员必须要对此加以重视,这样才能最大限度保证我国各领域产品质量的进一步提高。

所谓的质量检测工作,即对社会和领域产品的质量进行检测的一种手段,通过质量检测,产品的种种性能及参数将能够完整地体现给检测人员,这对于产品质量的保证具有重要价值。总的来说,在对产品的质量进行检测的过程中,避免不了对相应检测仪器的应用,这是保证检测结果准确性的基础,同时也是提高检测效率的一个必要条件。科学的检测过程能够对产品的质量进行客观公正的判断,同时也能够为社会以及具体领域提供有价值的参考。在当今社会,做好质量检测工作十分必要,这必须要得到各个企业足够的重视。

一、完善质量检测仪器计量检定管理工作的具体措施

质量检测工作的完善不仅能够为企业信誉与形象的保证带来价值,同时也是保证人民对产品应用安全性的一个主要手段。想要保

证其检测效果的进一步提高,就必须要通过具体措施的实施来完成,总的来说,需要从采购阶段以及验收阶段入手,在建立相应的计量管理档案的同时,做好日常使用管理工作,除此之外,还存在很多需要注意的问题,下面就从不同角度对其进行阐述。

(一)采购阶段

想要保证质量检测仪器的使用性能,就必须要从对仪器的采购工作入手,具体而言,由于质量检测仪器具有一定程度的复杂性以及专业性,因此其采购过程必须由具备专业素质的采购人员去完成,要保证其对于仪器的了解程度。除此之外,在采购过程中还应做到货比三家,要在所有质量能够得到保证的仪器的基础上,选择质优价廉的商家对仪器进行购买,这样才能最大限度保证其使用性能,同时也可以使检测成果更加准确,需要注意的是,整个采购过程均需要在相应的采购标准的保证下完成,这是采购人员必须要认识到的一点。

(二)验收阶段

在对仪器进行采购之后,验收工作同样十分重要,从某种程度上讲,验收工作是对采购工作质量的进一步保证,只有通过双重把关,才能最大限度保证仪器的质量以及使用性能。总的来说,具体的验收工作需要按照采购单上的标准来进行,要将采购单上的标准与实际仪器相比较,如果发现其中存在问题,出现实际仪器与采购标准不符合的状况,一定要对仪器进行严格处理,保证所使用的仪器均能够符合相应的标准。在验收完成之后,工作人员还必须要做好验收记录以及总结工作,要通过对具体结果的分析与总结,发现产品质量不合格的商家,并及时与其说明仪器的质量问题。

（三）建立计量管理档案

计量管理档案的建立有利于工作人员在需要时能够及时对其进行查询，以获取到所需要的信息，在具体的计量管理档案中，工作人员需要全面细致地将每一台仪器的参数以及相应技术标准都准确记录在内，其中不允许存在错误与偏差，具体需要记录的内容包括产品质量的评估报告以及采购合同等很多种。需要注意的是，仪器在应用过程中出现故障在所难免，在故障真正出现之后，工作人员一定要及时对故障类型以及出现的时间及原因进行记录，同时也要及时对故障加以解决，这是保证仪器使用性能以及使用寿命的基础，只有在维修之后，其各方面性能均能够达到标准水平时，才能重新将其投入使用。

（四）做好日常使用管理工作

做好日常管理工作同样十分重要，具体工作同样需要专业人员的参与作为保证才能完成。首先，在新一批的设备购入之后，要做好对购入设备的记录工作，从产品参数、产品性能以及购入数量等多方面对其进行详细的记录，除此之外，在日常的产品使用过程中，工作人员还要对产品的操作流程等进行记录。需要注意的是，为使产品性能能够得到最大限度的保证，就一定要做好防潮等工作，要保证产品存放地点通风良好，同时在对产品的取用过程中也要轻拿轻放，这对于保证产品性能十分有利。

（五）核查管理

做好核查管理工作十分重要，有效制订科学的周期检定计划，既能按照要求及时完成设备检定工作，又可以使在用设备得到最大限度的利用。检定周期计划的制订要符合监测设备的计量检定规程要求。设备在使用一段时间后，必须定期进行核查来检验设备是否良好，这样可以及时发现问题并更正以保证检验结果的准确性。尤其是一些使用频繁、容易老化受损和使用环境差的仪器，一定要严格定期核查。

（六）完善信息的采取与收集工作

在仪器设备的管理中，信息的收集也是一项十分重要的工作。信息的收集一般主要来源两个方面，一是机构内部，操作人员日常使用时的感觉，管理人员对设备工作的观察，维修人员对设备故障出现类型的分析和检定数据，这些都可以有效防止仪器设备在运行过程中存在的隐患再次出现，降低管理费用，避免出现错误或者不准确的检测数据。二是来源于检测设备厂家新产品更新的信息收集，方便日后调换设备和更新以及采购进行有目的的调研。

（七）做好测试仪器规格分类管理工作

根据上面档案收集材料内容，综合仪器设备的使用规格，可以设立仪器计量分类管理台账，以仪器的名称、型号、出厂编号、生产日期、检定日期和周期、检定证书、维护情况等为主要核心内容，越详细齐全越好。

综上所述，质量检测仪器作为一种保证产品质量的主要仪器，其计量管理工作的完善十分必要。想要使具体管理工作得到完善，就必须要从各个角度分别入手，做好采购以及验收工作，保证管理水平，除此之外，还要在日常工作中做好防潮等措施，另外设备的维护工作同样十分重要，在发现设备出现问题时，一定要及时对其加以解决，以更好保证其使用性能。

二、计量仪器具体的周期检定措施

计量器具周期检定制度是一个企业计量室或计量管理部门根据《中华人民共和国计量法实施细则》和国家质量监督检验检疫总局发

布的《计量器具检定周期确定原则和方法》制定的对企业内部计量器具的检定管理制度。

（一）非强检性计量器具的周期检定

一般情况下，非强检性的计量器具在鉴定周期内应该坚持两个原则，一是检定的周期内计量器具的误差要控制在合理的水平，同时还要保证误差值越小越好；二是要经济合理，这样才能让仪器检定的整个成本控制在最低水平线上。从字面上看，这两个规则应该是完全对立的关系，因此为了能够让二者在强度上保持平衡，必须要在实际的工作中采取合理的手段，利用大量的实验数据对其进行仔细的研究和分析，但是在这一过程中也尤其需要注意，如果校准的时候不能按照要求或者是规定操作就很有可能使得社会资源被白白浪费，在这样的情况下就可能出现资金供应不足或者是人员在数量和素质上的不足，出现非常不良的情况，因为校准效果不好的器具在使用的过程中会产生非常大的误差，这会造成更加严重的后果，在检定周期的确定工作中要充分考虑到各种因素对检定效果的影响，还需要考虑仪器本身的使用寿命以及使用过程中可能出现的问题，充分借鉴相关人员给出的建议，同时还要在检定的过程中详细做好相关内容的记录工作，最后需要考虑的一个内容就是计量仪器本身的需求，这些都是对检定工作产生重要作用的影响因素。

（二）非强检的计量仪器检定方式

确定非强检的计量器具校准和检定周期方式时，要结合本单位实际的情况，使用国际法制的计量组织第10号的国际文件——《测量实验室中使用的测量设备复校间隔的确定准则》里所推荐的方式作为参照来进行。运行检查法适合检测复杂的仪器，并用便携式校准的装置进行检查校准，这种方式检测实验室非常有作用，但参数的选取和校准装置的采用特点都应该保持恒定，这类问题值得进一步研究；阶梯形法指的是计量器具依照检定的规程进行多次周期的检定以后，若发现了没有超出允许的误差或者大余量的时候，后续校准和检定能够延长，若发现接近超出或者超出时，后续检定和校准的周期应缩短；管理图法是选择关键的项目关键的点，稳定记录，在每次校准和检定的数据曲线图中获得关键位置分散性和随着时间漂移的量，从而获得最佳时间的间隔；统计学方式是当检定校准许多相同的计量器具时，校准与检定的周期可用统计学的方法去评价。

（三）周期检定强检的计量仪器

根据相关的计量法规，由强检计量的检定机构要按照规程进行周期确定，在两次检定校准之间对计量器具运行加强检查，使用具有可信度且适当的方式对正在使用的计量器进行检查，在两次校准检定的间隔时间内，就是运行检查，这种检查方式能够基本辨别计量器具的工作状态是否良好。

第四节　试剂和标准物质的选择与使用

一、试剂的选择

反应试剂、催化剂和反应溶剂都是加入反应体系以及进一步参与反应的物料，相应的工艺研究是根据化学反应的需要进行合理选择的过程。

一个药物或药物中间体的合成路线确定后，接下来的工作就是选择合适的反应试剂，反应试剂是指被加入反应体系，使反应发生的物质或化合物。这里指反应物之外参与化学反应，又有一定选择范围的化合物，例如氧化剂、还原剂、碱、甲基化试剂、缩合剂等。

选择反应试剂的主要目标一是控制成本；二是在预期时间内以高收率获得预期产物，同时实现反应过程和后处理过程操作的最简化。

（一）反应试剂的选择标准

选择反应试剂不仅要考虑反应试剂的反应活性或选择性、成本、来源或易获得性，还要考虑试剂的安全性和毒性、原子经济性、易操作性、使用便捷性、废物易处理性等其他实际因素。

（1）反应活性高与选择性强。能够高效、专一完成目标反应的反应试剂是最理想的反应试剂。但在多数情况下，活性高和选择性强两者之间存在着矛盾。活性高，意味着反应在较短的时间内完成，但反应选择性相对较差。在选择试剂时，需要兼顾活性和选择性。要尽量选择对空气中的水分和氧气稳定的反应试剂，稳定意味着保存期限较长，不用惰性气体保护。对于不稳定的反应试剂，则要现做现用。

（2）成本、来源或易获得性。廉价、容易获得，也是反应试剂应有的特征，试剂的价格直接影响产品的总成本，因此在作用相同的试剂中应尽可能考虑使用廉价的试剂。选择试剂时，既要考虑有些试剂受市场供需影响大，价格上下波动，也要考虑特殊试剂是否有稳定的供货来源。例如，在形成酰胺键(包括肽键)的反应中，氯化亚砜、特戊酰氯、氯甲酸异丁酯是常用的试剂，价格低廉;(氯亚甲基)二甲基氯化铵价格较高，相对成本是氯化亚砜的100倍。

（3）安全性和毒性。试剂的毒性因素可分为腐蚀性、选择性毒素代谢、亲电性和生物活性四个方面。理想的试剂不仅对操作人员无毒害，而且对设备、周围环境不构成化学危害。对于有毒试剂要采用特殊的处理方法。

（4）原子经济性。为了最大限度地减小对环境的影响，降低废物的处理费用，以原子经济性为基础选择试剂成为发展趋势。以常用的甲基化试剂为例，氯甲烷比碘甲烷原子效率高，原子效率分别为 30 和 11，但氯甲烷反应活性低，而且需要高压设备来运行这种低沸点物质参与的反应。硫酸二甲酯、苯磺酸甲酯、碳酸二甲酯的原子效率分别为 12 或 24、8 和 17，甲醛/氢、甲醇/催化量的 H^+ 的原子效率最高，均为 47。

(5) 易操作性、使用便捷性、废物易处理性。液体物料容易投料，而固体物料，尤其是粉尘状物料加料困难。易于投料、易于后处理、无毒性副产品生成、易于回收再利用、无须专门的设备或设施等都是选择试剂的标准。

（二）代表性试剂的选择

由于化学药物种类多，结构复杂，药物及其中间体的合成几乎涉及所有的化学反应类型，采用的反应试剂繁杂，不能一一详述，下面以氧化剂、还原剂为例，说明试剂选择时可能遇到的具体问题。

(1) 氧化剂的选择。氧化剂的毒性和危险性大，氧化反应过程不易控制，后处理过程困难，处理含重金属的氧化剂费用高。氧化反应是工艺研究中需重点研究的一类反应。

常用的氧化剂可分为两类：一类是高价态的过渡金属类氧化剂，例如高锰酸钾、活性二氧化锰等锰化合物，琼斯试剂、柯斯林试剂、氯铬酸吡啶和重铬酸吡啶盐等含铬氧化剂，氧化银、碳酸银等含银氧化剂，四氧化锇、四醋酸铅，铜化合物，铁氰化钾和硝酸铈铵等，这些都是常见的强氧化剂，反应选择性好、收率高。含铬氧化剂、四醋酸铅等易对药物和环境产生有毒害作用的重金属；银化合物价格较高，其实用性受到限制。另一类是非过渡金属氧化剂，包括次氯酸钠、高碘酸钠、氯气等含卤素氧化剂，硝酸，二氧化硒，二甲亚砜，醌类、过氧化氢、有机过氧酸、烃基过氧化物等过氧化物，臭氧和分子氧等。

分子氧，尤其是空气，是最为丰富、廉价易得、节能环保的绿色氧化剂。在过渡金属及其配合物，或非金属催化剂作用下，分子氧被活化，启动氧化反应过程。其特点是价廉易得，可以制备各种含氧化合物，反应产物的选择性和收率都较好，因不对环境造成有毒害作用的重金属污染，从而作为更为绿色的氧化剂开始大量替代过渡金属类氧化剂。

（2）还原剂的选择。对于还原反应，一是要考虑反应过程中是否使用氢气或产生氢气，如果使用氢气或产生氢气，那么要考虑安全生产的问题，还要选用特殊的设备；二是反应结束后，如何安全淬灭残余的还原剂，如果反应淬灭后形成胶体，那么后处理过程可能烦琐；三是贵金属催化剂的回收、套用；四是金属盐副产品难于处理，形成废渣，带来的环境污染问题。

工业生产常用的还原剂包括以下十种。

①氢气/催化剂：适用范围广，不仅适用于烯烃、炔烃、芳环、羰基、硝基的还原，而且适用于羰基化合物与胺发生还原胺化反应，需要高压釜或专门的设施。用某种化合物代替氢气做还原剂，即转移氢化，可减少设备的费用。

②硼氢化钠和硼氢化钾：硼氢化钾价格比硼氢化钠便宜，是还原醛、酮成醇的首选试剂，温和可靠。添加路易斯酸可扩大还原范围，还原酯、酰胺、羧酸，可能与胺类结构生成硼酸盐。

③氢化铝锂：还原能力强，适应范围广泛，铝盐后处理很烦琐，费用高。

④氢化铝钠(65%的甲苯溶液)：还原能力强，加料方便，后处理铝盐烦琐，费用高。

⑤雷尼镍：还原能力强，适用范围广泛，但镍和铝盐的处理费用很高。

⑥硼烷硼氢化：还原亚酰胺和酸，从成本和稳定性考虑，BH_3-Me_2S 比 BH_3-THF 更好。

⑦金属锂、钠/液氨：伯奇还原反应在低温下进行，使用或回收液氨或挥发性胺需要专门设备，气味大。

⑧金属铁/酸：还原芳烃硝基成氨基，铁盐后处理费用高，回收和循环再利用费用高。

⑨金属锌/酸：还原二硫键，锌盐的处置费用高，回收和循环再利用费用高。

⑩连二亚硫酸钠：用于还原芳烃硝基，试剂和副产物都有特殊的气味。

二、影响标准物质使用的因素

标准样品的使用应以测量的可靠性为原则，在使用时应当考虑标准物质的供应量、相关费用、可获得性及相关测量技术。选用标准物质时，标准物质的基体组成应与被测试样接近，这样可以消除基体效应引起的系统误差。但如果没有与被测试样的基体组成相近的标准物质，也可以选用与被测组分含量相当的其他基体的标准物质。在化学分析中不正确的使用标准物质，会影响检测结果的准确性，具体影响因素如下。

（一）有效期

要注意标准物质有效期。许多标准物质都规定了有效期，使用时应检查生产日期和有效期。一般说来有效期是标准物质的研制者将在规定的储存条件下，经稳定性试验证明特性值稳定的时间间隔作为标准物质的有效期。稳定性试验只能说明已经试验的这段时间是稳定的，超过有效期的稳定情况不能确定。资料显示有些标样的稳定性远远超过标称的有效期，如冶金标样中一些金属元素的稳定性长达20年，而有些非金属元素如硫等元素随时间的推移，受保管储存条件的影响，其特性量值呈缓慢下降的趋势。有些标准物质极易变化，如八氯二苯醚标准溶液的色谱图在三个月内就有明显的变化。大部分化学分析用标样是需要配置后使用的，即便是严格按说明书配置和使用，制备过程，使用介质(溶剂)的种类和浓度对标准工作液的稳定性都是有影响的。实际工作中应当注意监测标准物质的变化情况，注意收集相关信息积累经验。

（二）存放

标准物质一般应存放在干燥、阴凉的环境中，用密封性好的容器贮存。具体贮存方法应严格按照标准物质证书上规定的执行。否则，可能由于物理、化学和生物等作用的影响，使得标准物质发生变化，引起标准物质失效。

（三）不确定度

不确定度是被测量值的分散性，不同的标准物质其定值特性的不确定度也不同，其定值特性的合成不确定度可能来自标准样品的不均匀性，定值方法的不确定度，实验室内和实验时间的不确定度。在选择标准物质时应当考虑到预期分析结果要求的不确定度水平，标准样品的不确定度水平相对分析结果要求的不确定度水平应可以忽略不计。

除生产者确定的不确定度外，标准样品的不同处理过程也会影响分析结果的不确定度，如标准物质与分析样品基体之间有差异时。当使用与标准样品定值方法不同的分析方法时可能其不确定性与生产者提供的会有差异。并不是标准物质的不确定度越小越好，还应考虑供应状况、成本、预期使用的化学适用性和物理适用性。当分析结果的不确定度很大时，可以选用不确定度较大的标准物质，以降低分析成本。

(四)溯源性

溯源性是通过一条具有规定不确定度的不间断比较链,使测量结果能够与规定的参考标准(通常是国家计量标准或国际计量标准)联系起来的特性。中国实验室国家认可委员会(CNACL)要求实验室使用标准物质进行测量时,只要有可能,标准物质必须追溯至测位或有证标准物质,认可委员会承认经国务院计量行政部门批准机构提供的有证标准物质。很多化学分析结果是靠标准物质来溯源的,实验室在选购标准物质时应注意其证书是否能够证明其对国家计量基准的溯源性。一些标准物质不能提供证书溯源至国家基准,如有一些大型仪器设备随机带的用于标准化的标样;还有些标准物质的证书不能溯源至要求的计量基准(国家计量标准或国际计量标准),如有些进口设备随机带的标样的证书无法证明其溯源性。还有些标准物质由于与待测样品的物理化学特性不同,如块状与粒状,固体与液体,基体不完全匹配等,虽然标准物质的溯源性能够达到要求,但分析结果的溯源性会受到影响。在有些分析过程中标准物质的溯源性并不是很重要,如使用回收率考察某一分析方法的准确性时。

第五节 检测方法的确认和验证

一、检测方法确认概述

在环境检测实验室对外出具准确可靠且具有法律效力的 CMA 检测报告时,必须事先根据《实验室和检查机构资质认定管理办法》《实验室资质认定评审准则》等进行充分准备并取得计量认证合格证书。取得实验室资质认可准备的过程中关键的一项就是检测方法的确认过程,该工作要求从人、机、料、法、环、测几个方面系统对实验室开展予以确认,并提供一系列可溯源的原始记录等证明材料,以证实实验室能够正确应用新标准方法。

(一)检测方法确认类别

检测方法确认工作根据使用检测方法的性质分为两类,即方法验证和方法确认。

方法验证,实验室在首次采用标准方法之前,必须对其进行验证。

方法确认,实验室在首次采用非标准方法、超出其预定范围使用的标准方法之前,必须对其进行确认,以证实该方法适合预期的用途。

目前国内的环境检测基本是以标准方法为主,对于非标准方法一般的实验室很难有足够能力去完成方法确认工作,且在申请检测能力资质时很难有效的证明,故本书主要对标准方法的验证进行讨论。

(二)检测方法特性指标

方法的特性指标包括方法检出限、精密度和准确度。对标准方法的验证就是对方法的特性指标进行逐一验证。

方法检出限:在方法给定的检测条件下,在满足置信度要求时从样品中定性检出待测物质的最低浓度或最小量。

精密度:在方法给定的检测条件下,各独立检测结果间的一致程度,包括方法重复性和方法再现性。

在进行标准方法的验证时,只需确认方法的重复性,若是非标准方法的确认,则需对二者进行同时确认。

准确度：检测结果与样品理论和实际检测值间的一致程度，包括使用有证标准样品核查、参加能力验证和加标回收率的测定。对标准方法准确度验证只要回收率满足要求即可，亦可增加使用有证标准样品核查以确保准确度。

二、检测方法验证一般工作程序

检测方法验证需从人、机、料、法、环、测几个方面去证实实验室有能力满足标准方法的要求。

（一）准备工作及说明

①方法验证负责人首先仔细研读检测方法，查阅搜集相关资料，充分了解其适用范围，操作步骤，注意事项。

②准备实验仪器、标准品、试剂、量具；调试仪器处于正常工作状态。实验中所需要的仪器、量具等，必须按规定进行检定和校准，量具在必要时要进行容积的校正；所用试剂及实验用水的规格、纯度必须符合要求。

③在方法验证中需用的基准物质、标准溶液要确认在使用有效期内，保证浓度未发生变化。

④参加实验人员应具备一定的理论知识和实验操作水平，在进行方法验证前，参与的实验人员必须经过培训和技能训练，在掌握了理论知识和技能操作的要求后方可进行。

（二）方法验证实验

1. 空白试验与校准曲线

（1）空白试验与校准曲线。按照方法要求或者在校准曲线浓度范围内均匀布置六个或以上的校准标准点，包括空白或一个低浓度标准点（浓度为检出限的3~5倍，接近于定量限），得到的相关系数 r 应满足方法或技术规范的要求。

(2)在空白试验和校准曲线达到要求后,则开始进行五天重复验证实验,包括校准曲线 0.3C 和 0.8C 自控样 [0.3C 和 0.8C 表示取分析方法的测定上限 (C) 的 0.3 倍 (0.3C) 和 0.8 倍 (0.8C) 的标准溶液,且必须和校准曲线不得通过稀释同一母液获得] 以及实际样品和加标回收。

2. 滴定法

在进行滴定法验证实验时,不需要校准曲线的情况下,只需配置 0.3C 和 0.8C 浓度的自控样进行精密度实验,实验同样为五天,例如化学需氧量测定,重铬酸盐法未经稀释的测定上限为 700mg/L,则 C 为 700mg/L。其基本原则是在测定浓度范围内选择高、低两种浓度进行测定。根据检测结果计算两种自控样溶液的精密度,如果相对偏差和相对标准偏差满足方法规定的要求,则表示实验合格。

3. 数据记录

详细记录实验的整个过程,包括样品处理、标准物质情况、标准曲线、试剂情况、仪器设备情况、环境条件、测试参数、分析结果、数据处理等。

4. 方法验证结果评价

校准曲线、检出限、精密度和加标回收率满足以下要求。

①校准曲线:相关系数 r 大于等于 0.997,截距 a 一般小于等于 0.005(光度法),当分析方法或其他来源中对斜率截距有规定要求时,应达到相应的要求。

②检出限:测定得到的检出限必须要小于等于方法规定的检出限。

③精密度:0.3C 和 0.8C 标准溶液的相对偏差和变异系数(即相对标准偏差)达到方法规定的精密度要求,对方法中无明确规定的则可按相关的技术规范要求进行。

④加标回收率：加标回收率同样需达到方法规定的要求，对方法中无明确规定的则可按相关的技术规范要求进行。

5. 方法确认报告

实验结束后，项目负责人应编写方法确认报告。方法确认报告完成后应由技术负责人组织评审工作，评审内容主要为相应仪器设备的配置、设施和环境条件、人员培训等，评审通过后由技术负责人批准实施。

环境检测方法确认工作是一个实验室对外出具准确数据的根本保证，可见此项工作的重要性。尤其是目前分析仪器种类繁多的情况下，环境检测实验室必须有效完成此项工作，才能开展环境检测业务。

第六节　检测过程质量控制

为满足用户对检验数据的质量要求，推进实验室技术进步，检测实验室必须建立与自身情况相适应的质量管理体系，全面推行质量管理，实行优化高效的运行机制，在不断改进和提高实验室质量管理水平的过程中，最大限度保证检验数据准确、公正。

一、正确建立和运行质量管理体系

实验室正确建立、运行质量管理体系，搞好质量管理，目的是对实验室检测活动进行有效控制，最大限度减少问题发生概率，提高检测水平和检测实验室可信度，确保实现质量方针和目标。但是，一些实验室存在"为了资质认可而认可"的错误认识，体系建立与实际检测工作脱节，体系运行存在"穷应付、两层皮"现象，体系管理措施无法落到实处。因此，编制体系文件应遵循"写我应做、做我所写、记我所做"的原则。"写我应做"是指国家认可标准中要求做到的都要结合实验室实际写在文件中；"做我所写"是指除了贯彻标准外，还要做到文件的适宜性、可操作性；"记我所做"是指实验室在运行中要留有质量记录，使体系运行及实验室出具的报告或证书要有追溯性和可证实性。在体系运行过程中，要成立内审组，每季度开展一次内审，每年开展一次管理评审。同时，完善审核监督体系，由原来开环模式转变为闭环模式，对检测报告形成过程质量进行检查，对检测技术过程和工作程序进行检查，对查出问题跟踪并要求彻底整改。

二、抓好检测工作全过程控制

检测实验室的最终产品是数据和结果，为确保检验数据的准确、公正，必须对整个检测工作流程中的各个环节实施质量监控，即过程控制。一个完整的质量保证流程包括从样品送入实验室、测试前准备、测试试验、检测结果分析直至出具检测报告的各个环节。流程中的每个环节均可影响检测数据的准确性与可靠性，因此必须通过对每个环节实施检查和评价，来保证整个检测过程质量可靠。

（一）检测前的质量控制

检测前的工作要点是做好检测人员、环境质量、检测仪器、检验标准等四个方面的质量保证。在实际工作中，首先要加强对检测人员的培训，包括专业知识培训、操作技能培训、四级体系文件宣传贯彻、内审员培训等，使之具备相应的知识和技能，确保其能力与承担的任务相适应。环境质量要从实验室温度、湿度、噪声等方面予以控制，确保实验环境满足检测要求。检测仪器要定期检定、定期保养、定期校验,并确保实验室所有设备和计量器具均可量值溯源。对采用的检验标准和检验方法,实验室应及时进行标准查新,分析评价其是否与检测项目相适应,是否为最新的有效版本。

(二)取样与样品管理

由于检测样品的代表性、有效性和完整性会直接影响检测工作的科学、准确、公平和公正,因此对样品的采样、接收、流转、保管、处理及识别等各个环节必须实施有效的管理和控制。

技术监测中心通过完善制度和流程再造,改变以往抽样、样品管理、检验、报告出具等都由检测实验室独立完成的局面,使检测工作各个环节分离,并处于监控之下。其具体措施如下。

(1)将抽样人员与检验人员分离,建立由业务能力强、职业素养高的人员组成的抽样人员数据库,每次抽样前随机抽调人员组成抽样小组,专门负责取样工作,使检测工作从源头上做到公平、公正。

(2)成立样品室,将样品独立于检测实验室之外进行管理,对样品全部进行密码编排处理,同时在样品室安装网络监控设备,对样品交接、存放、领取全过程进行监控,并定期对样品室进行监督考核,保证检验样品安全、保密。

(3)检测工作完成后,纪检部门、生产部门会不定期随机抽取样品室样品备份,对检测结果进行复现性比对,对复现性比对结果超出标准误差范围的,通过流程溯源,进行责任追究。此外,在工作中,还要定期邀请主管部门进行现场监督。

(4)制定《检测质量责任追究制度》《检测抽样管理办法》《检测人员行为规范》,开展检测工作规范研究,制定中心主要检测项目的检测规范标准。

(三) 检测实验中的质量控制

检测实验主要包括测试人员测试、原始数据获取与分析运算三个环节。质量控制主要抓好以下三个方面。

(1) 加强记录管理。其要求实验记录能使各项质量活动具有可复现性,通过完整的记录资料可真实再现检测实验全过程。记录要做到及时、信息完整、记载清楚、格式规范统一、易于填写、便于归档查阅。在日常工作中要注意对记录资料进行科学分析,及时发现质量缺陷和不受控漏洞。

(2) 对检测原始数据做科学处理。在对实验原始数据进行运算分析时要正确运用数据修约、近似数运算等方法处理数据,同时运用不确定度对检测结果进行科学评价。

(3) 开发数据处理软件。针对检测后数据处理的繁杂计算过程,应研究开发数据处理软件,提高计算效率,同时验证数据的正确性和采集数据的科学性。

(四) 对检测报告的质量控制

对检测报告的质量检测包括对检测结果的校对、审核、报告编制、审定、发放、存档等步骤。在实际工作中应注意报告表述准确、依据正确、结论明确;各工作步骤均要有相应责任人签字;检测报告应包含证明检测结果所必需的全部信息;实验委托书、原始记录和检测报告三者合一,一并存档管理。检测实验室的质量体系只有对这些过程实施文件化控制,使之形成系统的工作流程和可操作性强的规章制度,才能有效控制其运行。需要强调的是,在质量保证系统中应包括质量事故处理、申诉投诉处理程序,一旦出现质量事故或客户投诉等特殊情况,实验室就应按有关程序规定予以处理,这也是质量管理体系消除和预防质量缺陷,对所有可能出现情况实施全方位控制的重要手段。

(五) 明确各检测部门和相关人员的岗位职责

在"用户委托 → 样品接收 → 专业负责人下达任务 → 检测前准备 → 测试人员测试 → 数据记录、分析、运算 → 校对 → 编写报告 → 审核 → 出具报告"这一完整的质量活动链中,每个环节都有相应的职能部门和相关人员负责,各个环节之间界限明确、职责清晰。岗位职责要层层落实到人,让实验室的每个检测人员都明确自己在质量活动链中的位置,知道自己岗位需要负责和配合的工作。

(六) 重视开展能力验证活动

能力验证是利用实验室间比对来确定实验室检测能力的一种验证活动,通过实验室间量值比对、方法比对来消除偏差,纠正或证明实验室的检测数据结果。能力验证是实验室质量管理非常重要的手段,对实验室来说,通过能力验证,可对该检测项目做到心中有数,如有问题能及早识别,制定相应的补救措施。实验室在进行完能力验证工作后,还要对比对结果进行科学分析和总结,从而进一步提高自己的检测水平。另外,能力验证可增加客户对实验室检验能力的信任,密切本单位与其他实验室的联系并从中获取更多信息,这对实验室的能力提升是非常重要的。

(七) 持续改进管理体系,使之不断得到完善

检测实验室的质量管理体系在运行过程中需要不断改进和完善,发现不足之处的最直接途径有三条:质量体系审核、日常质量监督和用户投诉。实验室管理人员一旦发现问题,应及时调查原因,提出纠正措施,并监控纠正后的效果。此外,采用组织协调、统计技术、验证实验等手段都是改进质量管理的方式,这些措施的实施将最终提高检测数据的准确度和可靠性。

对检测实验室实施质量管理，不仅使检测工作规范化、标准化，而且实验室内部可提高效率、外部可获得用户信任和认可，从而产生一举多得的良好效果。针对检测实验室在发展中出现的新情况、新问题，质量管理工作要持续改进、不断提高。只有这样，检测实验室才能得到真正意义上的自我完善和自我发展。

第七节　数据处理和审核

一、数据处理

（一）图示法

该方法在很多项目技术中都得到了使用。所谓的图示，具体来讲就是使用图形来展示测量的信息，它的特征是非常简单明了，能够以非常明确的形式得知数据的变动特征。但是，它也有一些不合理的地方，那就是在图形之中无法精准的得知函数联系，也不能够开展合理的分析。

应该在坐标之中明确分度值和它的相关信息。虽说这个要素的意义并非是非常的关键，不过在开展文字描述的时候，还是要确保方向和坐标是一致的，如果相同的坐标中有很多的信息一起描述，就要布置一些差异，这样的话就可以明确各个信息，避免发生信息无法辨别的现象。

认真观测信息的精确性，要确保它和坐标纸的尺寸等保持一致。假如分度非常大的话，就会导致之前的信息不精准，使测量的精确性降低；假如分度非常小的话，此时信息就会由于精确性太差而无法合乎相关的规定。以上内容对于项目工作者来讲，是必须要知道的内容。

工作中获取的信息一般是分散的，不过在具体设置图纸的时候，必须要使用曲线来描述，确保它们能够以一条非常平顺的曲线并非是弯折的线路来展示。虽说此时图纸中的许多点的方位和具体的信息之间不一样，存在一定的误差，不过总的精确性得到了显著提升。当精确性非常高的时候，其获取的信息是存在于平顺的曲线之中的；当精确性不是很好的时候，可以尽量选取一条靠近最多点的曲线进行描绘。

（二）表格法

该方法的使用性最高。在许多的测试活动中，首先要做的就是把获取的信息变为表格，进而对其再次的分析。但是，这个措施也有一定的不利性。第一，它表示的信息非常少，无法精准体现出函数内容，无法明确信息的各种变量间的关联；第二，虽然其容易明确，不过对于深层次分析来讲并不是很合理，表格具体来说主要有实验检测数据记录表和实验检测结果表两种，这两种表格中实验检测数据记录表相比之下要丰富一些，它包括多方面的内容，如检测目的、内容摘要、监测数据和仪器设备等，是一个原始数据的记录。

（三）经验公式法

某些曲线在做出来以后，通过直观的观察就能看出其与某些特定的函数有相像之处，通常把在这种情况下与曲线对应的那个函数称为经验公式。上文提到，工作中所获得的数据都是可以用曲线来表示其内在函数关系的，但并不包括所有的数据。事实上，用一个公式来表达所有数据之间的关系是最为简明扼要的，便于直接获取自变量与应变量之间的关系，可以直接进行数学运算，还可以进行更深入的研究和探析,是非常理想的一种数据处理方法。在使用经验公式法时,首先要解决一系列的问题,即如何建立公式、建立一个什么样的公式、如何让公式最大限度表示所获取的数据等。其具体的步骤如下。

(1)描绘曲线。以自变量为横坐标,应变量为纵坐标,将所获取的数据一一描绘到坐标纸上,然后按照前文所描述的原则和方法描出一条曲线。

(2)分析曲线。对所描出的曲线进行观察和分析,以此为依据来确定所选用的公式形式。一般来说,如果所描曲线为一条直线的话,就可以直接用一元线性回归方程来确定直线方程。如果所描曲线是一条曲线,那就需要根据曲线的形态、特点来确定曲线类型。

(3)曲线化直。在曲线的具体类型确定后,就可以通过将方程两边同时取对数的方法将其化为直线方程,然后再继续按照一元线性回归方程来处理。

确定公式常量 $y=b+ax$ 表示的是所测量数据的直线方程或是化直后的直线方程,a 和 b 都是通过在方程中代入实测的数据解方程组得到的。

(四)误差的表示

根据误差表示方法的区别,将误差分为绝对误差和相对误差。其中,绝对误差是指实测值与真值之差。但要认识到一点,真值通常是不可能得到的,因此绝对误差也无法确定。在实践中,只能应用精度较高的仪器来进行测量,所得到的数据称为实际值。实际值相对来说就更接近于真值,以此来代替真值进行计算。绝对误差的首要性质就是有单位,且与被测值的单位一致;其次就是绝对误差表示的是实际的偏差,但无法确切知道所测得误差的精确程度。

对于相对误差来讲,它并非是具体的内容,而是一种比对内容。

它的优点是其不但能够体现绝对的误差,同时还能够体现具体测量活动中的精确性,而且能够体现出其方向。作为比值,它不存在单位,通常是用百分比的形式来体现的。

1. 误差的出处

在开展工作的时候,工作人员要有这样的一种认知,即误差是必然会存在的,要通过多种措施来降低,但是并无法完全消除掉。不管是多么精确的设备,多么细致的工作者,都无法防止其发生。导致误差的要素非常多,比如装置不合理、环境改变、工作者的活动影响等。

2. 误差的类型

前文将误差根据其表示方法分为了绝对误差和相对误差。在这里再根据其性质的差异将其分为系统误差、随机误差和过失误差。

(1) 系统误差是指在相同条件下多次重复试验时表现出的规律性的误差。系统误差在试验开始前就已经存在,在试验过程中始终偏离至同一个方向不变,因此比较易于得知,要进行多次的测试,积极的分析,只有明确其中的发展方向,才能在测试信息中积极地改正。它只可以改正,但无法去除。

(2) 随机误差是由很多难以避免的微小因素引起的,无规律、影响不大。通常来说,随机误差经多次重复试验,并运用概率论与数理统计等方法就可以进行分析和处理。

(3) 过失误差是人为主观因素导致的。比如不正确读数,不正确的计算等。通常来讲,存在这类现象的信息必须要弃用。在开展测试活动的时候,要尽量避免其发生,也就是说它能够通过注意一些细节而不出现。

二、数据审核——以环境监测工作为例

环境监测工作是指利用相关监测设备对环境中的各项指标进行检测，所获得的检测数据反映着环境的状态。由于人们对环境保护问题认知较晚，所以现阶段的环境监测仍处于发展阶段，水平有限，所获得数据往往存在着较多的误差，初步获得的数据不能充分反映环境的真实状态，如果不加以审核处理，很可能产生误导作用，不利于环境保护工作的顺利开展，故而在获得环境监测数据后，要进行数据的审核工作，审核无误后的数据方可当作依据，针对不同污染物质的不同污染程度，采取不同的保护措施。可以说，环境监测数据审核是提高环境监测质量的必要环节，对环境保护工作有着非常重要的意义。

（一）环境监测数据审核内容分析

环境监测数据审核的核心是监测设备产生的数据。审核时应分别针对监测数据的原始性、完整性、实效性、规范性等进行审核。以下是对环境监测数据审核内容的具体分析。

1. 监测数据原始性审核

监测数据的原始性非常重要，只有确保监测数据原始性，才有审核的意义，才能切实掌握环境的具体情况。原始性审核工作的内容主要包括以下三个方面。第一，审核监测人员。通常来讲，所有开展环境监测工作人员都必须持有上岗资格证，未取得资格证的工作人员不能单独完成监测与记录工作。第二，审核监测的真实性。所有的数据都必须来源于监测现场，只有确保了监测工作的真实性与有效性，才能确保监测数据的原始性。第三，审核监测数据的原始性。一般的监测数据记录需要借助人力完成，这就要求工作人员要准确记录，一旦记录成功后便不能随意修改，若发现记录错误，则要明确划掉错误数据重新记录，此时需注意的是要附上修改人姓名及修改日期。

2. 监测数据完整性审核

完整的监测数据才能真实反映出环境具体状态，故而监测数据一定要确保完整性。这就要求监测人员在监测过程中不仅要记录主要的监测数据，还要对所监测环境的具体特点，所使用的监测仪器类别、型号以及状态，选用的监测方法、监测时间、监测地点等进行详细的记录，若有特殊情况要特别标注。

3. 监测数据实效性审核

环境不断发展变化，环境中的物质含量也呈动态变化，监测数据也不断发生改变，因此为了真实了解环境的污染情况，就必须确保监测数据的实效性。在监测采集样品后，为了尽可能确保监测数据的实效性，就要立即完成后续的监测采集数据工作，真实反映环境的基本特点。不仅如此，为了提高监测数据的准确性与可靠性，要多次测量比较，将原始数据误差降到最小。

4. 监测规范性审核

这里所说的规范性贯穿整个监测过程，不仅仅要求监测操作要标准规范，所采集的数据也要确保规范性。首先，审核取样地点的规范性，所选用的取样地点能否代表目标环境进行下一步的监测工作；其次，审核监测方法的规范性，采样方法及频率要切实满足监测需求；再次，审核监测仪器是否处于良好的工作状态；最后，审核监测数据的规范性，规范性的记录所采集的数据，为后期的数据分析处理铺垫良好的基础。

（二）环境监测数据审核方法探讨

审核方法在一定程度上决定着审核质量，而审核质量又与后续的环境保护措施采取息息相关，故而要针对不同的环境监测情况选择合适的审核方法，尽可能提高审核质量。以下是对环境监测数据审核方法的具体探讨。

1. 利用动态数据库进行数据审核

部分审核人员在对监测数据进行审核时，习惯于通过自身经验对异常点进行标定，并以此作为进一步调查工作的依据。这样的操作误差较大，且缺乏量化的数据支持。现阶段，随着环境监测工作的不断发展进步，动态数据库在环境监测审核中的应用越来越广泛。这里所说的动态数据库是指针对那些需要开展长期监测的监测地点，整合以往所获数据及处理分析过程，并且不断补充最新监测的数据，其既可以建立环境监测数据库，又可以确保实时动态更新。建立动态数据库的优势在于将最新获得的数据与以往所获的数据形成一种对比，经过简单的分析得出环境具体情况的趋势走向，借以判断环境的发展情况，在一定程度上反映着环境保护的效果。但在建立这种动态数据库时，要有较强的规范性，否则很容易出现数据错乱的情况，降低环境监测质量，失去动态数据库建立意义的同时也影响着后续环境保护工作的开展。

2. 利用物料衡算审核监测结果

物料衡算也是一种有效的审核方法，这种审核方法适用于排污情况监测。污物净化处理费用较高，很多企业违规排放，且为了避免被人发现"明修栈道，暗度陈仓"，审核人员在审核过程中使用一般的审核方法并不能确保监测结果的真实性。因此，可以采用物料衡算的思想进行环境监测数据的审核。以企业污水排放量为例，通常将企业的实际用水量作为排污量参考基数，用于与实际监测所得污水量进行对比。

3. 利用经验系数指导数据审核

在开展环境监测数据的审核时，有时会遇到监测对象缺乏历史数据作为参考，而监测人员又缺乏对该监测点的感性认识。此时，难以通过动态数据或物料衡算的方法进行监测数据的审核。为应对这一状况，需要监测人员利用自身长期积累的数据经验系数、专业知识等开展审核工作。经验系数还可用于一些需对异常数据进行判定的情况，当监测所得的数据反映出监测点的严重异常时，可首先通过经验进行原因判定，再采取进一步的检验措施。

综上所述，环境监测数据审核对于环境监测乃至环境保护都有着非常重要的意义，若要确保环境监测数据审核质量，监测人员必须要熟练掌握审核基本内容及方法。现阶段我国的环境监测处于起步发展阶段，有关人员要加大对监测数据审核的研究力度，推动环境监测的进一步发展。

第八节 原始记录管理

原始记录是检定、校准和检测工作的客观依据，原始记录的格式应依据计量检定规程、校准规范和技术标准设计制作，每份原始记录的录入填写应客观、准确与完整。

《法定计量检定机构考核规范》（JJF 1069—2012）中也明确规定："应建立并保持记录，以提供符合要求和管理体系有效运行的证据。"体现出原始记录在检定（校准）、出具证书整个环节中的重要地位。

要保证原始记录的规范及数据的准确性，应采取以下措施。

一、记录内容要规范、完整

检定、校准及测试报告所对应的原始记录要规范化和格式化，记录格式应依据计量检定规程、计量检定系统表和有关的规范性技术文件要求编制，以便日后通过原始记录可以重现当日的检定、校准或测试过程。

原始记录应包括使用单位、计量器具名称、规格型号、制造厂家、产品编号、测量范围、准确度等级、环境温度、相对温度、技术依据、标准器信息、主要辅助设备的名称及型号、校准各项指标数据表、偏差、重复性及不确定度等内容，同时还要准确填写证书编号、原始记录编号、操作员、核验员、日期等信息。

原始记录应有唯一性标识，以利于识别，标识包括记录的名称及其代码。

二、记录数据要准确、可靠

原始记录应该具有真实性和准确性的特点，要使原始记录中通过检测得到的数据准确可靠，就要求检定人员认真操作标准仪器设备，准确、完整的读数，清楚、明了的记录。

要保证原始记录的准确性和可靠性，就要做好以下三个方面。

（一）数据采集

检定数据一定要一次性采集完成，不能存在时间间隔。对有疑问的检定、校准数据，要采用几种不同的测量方法和不同的测量仪器加以验证，以保证检定、校准数据的准确性，做到严肃认真，实事求是。而对于一个被测量的物体来讲，应根据其精度的不同，采取能最大限度满足其测量精度要求的测量方法和测量仪器。

（二）数据记录

原始记录要使用规范的阿拉伯数字、中文简化字、英文和其他文字或数字，术语的使用要与《通用计量术语及定义》(JJF 1001—2011) 和规程、规范等方法文件中的术语一致。对原始记录中的计量单位一定要严格使用法定计量单位，例如 MPa(不应写为 mpa)、kN(不应写为 KN)。

(三)数据处理

原始记录数据的处理要求数字的修约和误差或不确定度的表达方式都应符合《数据修约规则与极限数值的表示和判定》(GB/T 8170—2008)及《测量不确定度评定与表示》(JJF 1059.1—2012)的规定,原始记录中的数据处理按照计量检定规程执行,要考虑不确定度的主要来源,计算出合成不确定度,以示测量的真值所处量值的范围,从而得到一个准确、可靠、合法的数据。

如果检定原始记录不准确,将导致检定、校准或测试的结果可信度降低,为事后查验核对检定、校准或测试的结果确认带来诸多不便,严重者可导致对检定、校准或测试的数据无法追溯,不仅给送检单位造成巨大损失,也损害了机构的整体形象。

三、记录管理要严格、科学

在计量检定机构中,原始记录是检验检定工作质量、追溯计量器具过去的运行状态、处理检定质量申诉和解决计量纠纷的重要依据,因此管理要严格、科学。为保证质量管理体系文件的贯彻执行及检定、校准结果的真实性,并使得检测结果具有再现性和可追溯性,同时也为纠正和预防措施提供依据,实验室应建立记录控制程序,其具体规定如下。

(一)记录管理

实验室应设置集收发、收费、证书打印及原始记录存档为一体的业务室,全面实现计算机网络管理。业务室人员依据原始记录对检定、校准证书进行严格审批,并打印证书,使证书与原始记录数据相吻合。

对原始记录提交不及时的,检定、校准规程依据不准确的,各项数据填写不规范如原始记录编号空缺、没有检定员及核验员签字、检定数据填写有缺项,记录错误处划改需加签名或盖章原则的,一律不予打印出具证书,这样即促进了检定、校准工作的开展,又从源头避免了出假证或不检定就出证的行为,保证了原始记录具有的可操作性、可检查性、可见证性、可追溯性及系统性的特性,提升了计量测试机构检定、校准的工作质量和整体测量水平。

同时应在质量管理部门设置专人专岗审核各检定科室填报的原始记录,在计量管理软件中通过检测单位名称、证书编号、原始记录编号或计量器具编号等信息检索,实现网上抽查记录。

(二)记录保存

原始记录的电子档案应长期保存,纸制原始记录至少保存三年以上(有特殊要求的按规定执行)。记录要按编码分类、依日期顺序归档保存。对于电子储存记录,要做好备份和授权加密措施,以避免原始数据的丢失或改动。

在保存期内的原始记录要安全妥善存放,防止损坏、变质、丢失,要科学地管理,以便及时纠正其失真、失实或模糊不清,防止记录失控或失去使用价值。相关方要求查阅、复制记录时,经记录管理部门及分管领导批准后方可进行,并由记录管理人员登记备案。

(三)记录销毁

对超过保存期限的记录,由记录保管部门填写《记录销毁清单》,报单位负责人审核,批准后实施销毁。

计量技术机构要想提升计量检定、校准或检测的工作质量和计量技术机构的整体测量水平,必须高度重视原始记录、检定(校准)证书的作用,认真对待计量检定的每个环节,从细节做起,认真采集数据,同时也要提升检定人员业务素质,提高原始记录填写质量,这样才能提供准确、可靠的数据,原始记录才能经得起检验,法定计量技术机构才能出具客观、公正的检定和校准报告,才能为事后查验和对检定、校准或测试的结果确认,提供有效的依据。

第四章 检验检测机构信息管理系统

第一节 信息化应用概述

信息化是指计算机技术和通信技术共同作用下的产物。如今，随着信息化的日益发展，信息化技术被逐渐应用到各个行业，并发挥着重要的作用。第三方检验检测机构对于严格控制检测质量，深入研究检测发展方向，提供准确、客观的检测结果有重要的作用，信息化的管理方式在其中尤为重要。因此，第三方检验检测机构要加强信息化应用探索，提高对信息化的认识和应用。

一、信息化应用的必要性

（一）强化了对质量的控制

通过信息化技术，检验检测机构可以实现检测和管理的分解检测并重新组合，明确检测的重点，使得检测结果更加清晰。另外，通过信息化技术进行加测，可以强化对整个检测过程的追踪，对于检测结果进行管理有重要的作用。这也是信息化应用的一个显著优势，对质量的控制也能实现对整个检测结果的预期。

（二）使建设信息管理更加规范化

第三方检验检测机构通过使用信息化技术，可以减少人为因素造成的误差，使检测系统更加科学化和规范化，检测结果更加准确。有利于优化信息，提高工程的质量和管理。

（三）加强了对质量检测的控制

信息化的使用，可以实现资源的共享和及时的反馈，实现对质量检测的控制。信息化技术在建筑工程检测管理中的应用，可以实现信息的有效控制，各方面信息可以及时传递和追溯。通过信息的传递，可以及时地获取各项信息数据，信息的追溯效果可以实现对信息资源的正向和反向检查，提高信息利用效率。

二、信息化在第三方检验检测机构管理中的具体应用

（一）收样管理

收样管理主要是对客户的样品信息或者送检的样品进行样品等级划分，并逐步展开收样统计、收样复核工作。通过收样管理的开展，实现样品的接收、登记、验收和保管。这个过程中，工作人员还会对样品信息进行分析和处理，实现样品的优化统计。样品的检测主要有样品信息、客户信息、委托单位、检测项目以及检测费用等方面。在收样管理中，要有专门的人员协助接收信息，尽可能及时实现对样品地检测和记录。

（二）试验管理

对样品进行收样管理之后，就可以进一步通过信息化技术的应用，加强对样品的检测。这个过程可以实现对检测数据的收集和管理，并对检测的信息进行复核。相关的样品试验人员可以通过相关的试验操作实现对样品的检测，进而获取相关的样品信息。

（三）报告管理

报告的管理工作对于正常的开展建设工程检测管理有着重要的意义，也是通过检测实现产品的使用方面的目标，因此有关人员要重视对报告的管理。这个过程主要包括报告的审批、打印、查询、

管理、签发等方面的内容，为相关的技术工作者实现工作目标提供了保障。

（四）管理统计

样品的检测最终要实现对信息的管理和统计工作，包括两个方面的内容。首先是对工作量和业务量进行全面的统计工作，并要加强对质量的控制，实现对统计的管理；其次还要重视对内部的管理工作，按照一定的条件进行任务的分配，实现任务工作量的优化处理方式，进而更好实现对机构内部的管理工作。在这个过程中，工作人员要注意对与内部管理的项目和统计结果相悖的信息进行相应的处理工作，尽可能保障工作人员的工作效率，更好地实现资料统计。

（五）业务监督

业务监督工作主要是指对建设工程检测中的数据监管和相关的工作情况进行监管，另外还包括对工作人员的监管及对整个检测过程的综合管理情况的监管。对业务进行监督，有利于对内部工作状况进行全面掌握，最高管理者可以实现对内部更好管理。因此，业务监督工作对于内部管理工作顺利开展有重要的作用。

（六）系统维护

信息化的应用对于建设工程检测管理中的系统维护提供了帮助，包括安全管理和系统管理等方面。可以通过系统的维护，帮助系统管理人员共同实现信息的相关运行工作，包括对信息的查询、日志资料和跟踪系统等的管理，更好地完成个性化需求。

三、信息化应用过程中的注意事项

信息化在建设工程检测管理中发挥着重要的作用，但是在检测管理过程中，还存在一些问题需要注意。

（一）重视应用的实用性和经济效益

信息化的应用中需要有大量的资金投入，因此在使用信息化管理时，要先考虑应用的实用性。例如，在使用计算机网络时，要首先保证使用过程中的实用性和可操作性，尽可能避免使用效果不明确，应用过程不完善的情况。另外，在对软件进行使用的过程中，要事先考虑到软件所具有的扩充性，并根据自身的需要事先进行策划，更加全面的实现建设需求。并且在使用过程中，要确定相关的目标，通过分段实现的方式完成。这对于最大化利用信息技术开展工作，提高工作效率和减少资金使用方面有重要的意义。

（二）强化全员参与意识

如今社会的发展，信息化已经成为不可扭转的现实，并且在日常的工作和生活中发挥着重要的作用。因此，在建设工程检测管理中的信息化应用时，要提高全员参加的意识。通过相关的培训工作，提高全员的信息化意识，使其能从内心接受并进行学习，进一步实现建设工程检测管理工作。

四、信息化应用实例

某地区近年来开展信息化检测质量管理，当地建设厅首先颁布地方标准，对检测单位、监管单位在工作过程中需要依照的信息管理系统颁布了新的规定。信息管理系统通常选择先进性、扩充性的平台，这也为检测管理提供了相对安全、有效的网络化信息平台。通过平台，可以对样品和数据进行管理，使工作更加便利，提高了工作效率。同时，信息管理系统的使用，还在很大程度上为管理层做出决策提供准确性的信息。在进行汇报分析时，工作人员可以充分按照其所提供的数据进行汇报。汇报的内容也包括警告和建议，通过这种方式保障了工程质量的技术要求。另外，信息化在检测质量管理中应用时，还会对不同的客户有不同的满足方式，具有非常好的发展前景。

随着信息化技术的发展，建设工程检测管理通过应用信息化的方式，规范国内检测市场，进一步实现资源优化配置和规范化检测管理。信息化技术的应用对于提高工作效率和质量，增加工作经济效益也有重要的作用。

第二节 完善信息管理的必要性、存在的问题与完善方法

一、完善产品质量检验检测技术机构信息管理的必要性

（一）确保质量检验检测结果的公正性、科学性与准确性

产品质量检验检测数据不仅是合格产品进入市场的标准之一，也是企业针对产品特征不断进行产品改进、加强质量把控的关键。对于检验检测机构而言，检验检测数据不仅能促进检验技术的提升，也是技术机构检验报告的重要组成部分，因此建立和完善检验检测数据等信息管理工作，在一定程度上能够有力确保质检数据的公正性、科学性与准确性，更好地服务于质量检验检测工作。

（二）为质量监测工作监督管理提供便利

开展产品质量检验检测信息化管理，能对检验检测数据进行综合全面把握，维护技术机构质量控制的可靠性，帮助质检人员及时对产品质量进行宏观了解；协助有关职能部门开展质量监测和监督

管理工作；促使生产企业在产品生产过程中及时发现产品质量问题，解决质量隐患，避免不合格产品的出现。

（三）我国产品质量检验检测行业中存在不规范的行为

当前我国产品质量检验检测机构中，仍存在一些不规范的行为，且具有一定的隐蔽性，难以察觉，需在宏观的数据动态中进行把握。

二、当前我国产品质量检验检测机构信息管理中存在的问题

（一）行业整体信息化发展水平不高

我国产品质量检验检测机构中，部分领域已开始采用信息化管理，涉及计算机、数据汇总、数据分析等信息技术的应用。但整体上仍处于发展水平较低的层次，很多技术机构只是简单利用文字和表格处理，未应用到自动数据采集，尚未对检验检测数据进行集中管理，没有建立通用的数据共享平台和统一标准，因此无法全面了解产品质量状况。同时在数据分析过程中，工作人员的个人工作经验等因素在一定程度上制约了技术机构信息化管理的工作效果。

（二）负责信息管理工作相关人员业务水平有限

虽然目前提倡综合性人才，但在部分地市级技术机构中，仍缺乏相关专业的技术型人才，而现有负责信息管理工作的人员缺乏信息化管理工作经验，同时对产品质量检验检测的有关知识了解不多。总之，综合型人才明显缺失，这在很大程度上阻碍着产品质量检验检测机构信息化管理的发展与进步。

（三）缺乏统一的行业信息管理标准

我国产品质量检验检测机构信息化管理工作水平参差不齐，相关的行业信息化管理标准也未大范围统一，很多技术机构相继自主开发或购买相关的信息管理软件，开发水平低，重复开发现象严重，

很多并不专业的软件也被应用到信息管理工作中。同时在技术机构内部和机构间缺乏统一的信息管理机制,缺乏明确的信息统一标准,不同信息系统的数据无法进行共享,难以统一管理。

三、如何完善产品质量检测技术机构信息管理

(一)从管理理念上来说,需不断转变观念

要想不断完善产品质量检验检测机构信息化管理,就必须不断改变自身对于信息化管理的相关理念,坚持"前端拉制"的信息化管理理念,从产品质量检验检测工作一开始就同步开展相关信息收集、整理归档工作,将信息化管理理念贯穿整个质量检验检测过程,避免后续出现重复作业的现象,提高信息化管理工作的效率。同时要发扬"信息再造"的理念,充分发挥已有的信息资源的作用,积极挖掘其中的潜在价值,不能一项检验检测工作完成后,相关的信息资料就扔在一边,造成严重的信息资源浪费现象。

(二)从行业规范性来说,需建立统一标准

规则是有序开展相关工作的指南针,完善产品质量检验检测机构信息管理工作,就有必要建立统一的行业管理标准,确立一套科学合理且规范的管理模式。在管理标准的建立过程中需注意以下三点。一是实现模式的标准化,将产品质量检验检测的统一相关计算方法及具体的处理方案存储到系统中,输入具体检验检测数据后可自动生成详细的检验检测报告。二是坚持模式的实用性,建立统一的行业信息化管理标准的目的是更好地开展信息管理工作,提高工作效率,因此在确定最终的统一标准时,需要充分集合产品质量检验检测机构的业务范围及具体的工作流程,用最直观有效的操作形式体现出来。三是坚持模式的先进性,实现产品质量检验检测机构信息管理,需要建立在先进成熟的信息设备和信息技术的基础上。

在引进相关的设备和管理系统时，要充分考虑到其先进性，是否能在未来相当长一段时间内都能适应相关检验检测工作的发展。

（三）从从业人员水平看，需不断加强专业技术队伍建设

信息化管理是一项专业程度较高的工作，需要专业的信息化人才开展相应的工作，因此加强专业技术队伍建设是完善产品质量检验检测机构信息化管理的前提。专业信息化管理队伍中人员的个人专业技术水平、信息管理技术运用水平、检验检测信息技术的运用能力和对信息管理系统的实际操作能力都会影响到信息化管理水平，因此需要不断加强对专业信息化技术队伍的建设工作，主要可从以下两个方面着手。第一，不断引进信息化管理专业毕业的学生，向现有的人才队伍注入新鲜血液，充实队伍，对现有的人才结构进行知识层面和年龄层面的优化升级；第二，针对现有的技术人员，需要不断加强专业培训与继续深造学习，可通过进行人员外派学习，主动走出去学习他人先进经验，也可通过邀请信息化管理领域中的专家，走进来开展专业性的讲座与实际操作指导性学习，在学习交流中不断完善自身的知识结构，有效提高整体队伍的信息化管理水平。

信息化是未来人类社会发展的趋势，将会渗透到人类生产生活的方方面面，人们已体验到信息化带来的便捷，充分利用信息化技术对产品质量检验检测机构进行管理十分必要，但这不是一蹴而就的，需要一个不断钻研的过程，产品质量检验检测机构应不断在实践中提出问题，解决问题，不断完善信息化管理，将信息化管理落实到实际中去，更好地服务于产品质量检验检测工作。

第三节　信息管理系统总体框架

一、实验室信息管理系统概念

实验室信息管理系统（LIMS）是实验室分析检测技术、信息技术以及现代管理技术的综合应用。其通过收集、分析检测过程中的各种信息，实现检测质量有效控制以达到规范检测流程、提高数据可靠性、实现数据共享和提高实验室管理水平的目的。2003年卫生部出台的《全国卫生信息化建设发展规划纲要》中明确指出，卫生信息化建设的基础工作是统一标准，它是进行信息交换与共享的基本前提。所谓信息标准，就是在信息的产生，传输，交换和处理时采用统一的规则、概念、传输格式和代码。目前我国疾病预防控制机构已进入LIMS建设发展阶段，正处于大力推广统一标准的过程中。同时，LIMS的应用正逐渐向人（人员）、机（仪器）、料（样品、材料）、法（方法）、环（环境）、测（检测）全面控制的实验室质量管理及建立有效监控评价方向发展，从而期望通过实施LIMS进一步规范实验室质量管理，提高检测能力和检测质量，成为疾病控制和卫生监督执法的技术支撑，在重大传染病疫情预警预测和突发公共卫生事件调查处置中发挥应有的作用。

二、实验室检测信息管理系统总体框架

（一）合理定位分阶段实施

LIMS近年来通过不断升级日趋全面和完善，但目前国内还没有一款LIMS能满足所有检测实验室。LIMS不同于其他办公软件，它

所包含的系统功能必须严格遵循《检测和校准实验室能力的通用要求》(GB/T 27025—2008)及相关准则,因此选择LIMS时要注重考察在功能、流程和影响因素控制方面对通用要求及准则的遵循,同时考虑系统的灵活性,在选型时可以首选开放式架构设计系统,有利于在系统实施前根据本单位的要求进行二次开发。LIMS建设是一个复杂的过程,基本可分为对不同供应商产品使用情况调研;已完成首次开发产品的功能比较分析;结合本单位进行需求分析;拟定标书及其技术指标要求;实施招标;购买后按照标书中技术指标要求与供应商一起二次开发;建立相关数据库;完成流程后实施试运行;内部有效性评审;验收后正式启用等阶段,在此期间需要采取统一规划、分阶段实施的原则,并采用先易后难和循序渐进的方法,如通过实施系统比较成熟的检测工作流程,使工作人员有理解、适应、消化和掌握的过程。一个检测流程运行顺利后能使职业卫生或人类免疫缺陷病毒(HIV)抗体检测等特殊样品流程设置更加完善。完成了流程之后有关人员再对影响检测流程因素的控制、技术标准管理、文件管理、收费管理和数据统计等进行开发利用,每个阶段领导层要定期听取LIMS实施小组进程汇报,对项目的重点问题组织分析和协调,特别是涉及后期统计分析和量化管理的内容,应由质量管理等部门对检测流程中的控制要求提出需求,领导层围绕质量目标和检测能力等整体要求组织充分讨论,打消检测科室的顾虑,充分利用信息系统自动化和信息化功能,保证LIMS最大限度发挥作用,促进质量管理体系的量化管理和不断完善。

(二)正确设计二次开发方案

1. 明确二次开发的目的

LIMS需要有灵活可再次开发的信息平台,只有这样才能适应公共卫生检测实验室快速发展和呈动态变化技术标准的变更需求。但

LIMS 不是万能的,在设计二次开发之前,必须由领导组织 LIMS 实施小组对同类产品做充分调研,借鉴其他同行的经验教训使小组成员对 LIMS 有充分的认识。在遵循实验室管理通用要求和相关准则的前提下分析本单位实际情况,理清思路制定合理的开发方案,并组织充分的讨论分析,确定 LIMS 二次开发的总体思路和步骤,建设满足本单位检测流程和全面质量管理的特色 LIMS。目前还没有一个衡量 LIMS 建设成功与否的标准,实验室使用 LIMS 的目的是规范实验室流程,提高工作效率,从而提升实验室管理水平实现量化管理,因此可以用是不是达到了这个目的来衡量实施 LIMS 的有效性。

2. 设计合理的检测流程

LIMS 检测流程是以样品检测为主线,同时必须对影响检测结果的各种因素进行有效控制。首先从维护需要开展的检测项目开始,包括通过认证/认可和未通过认证/认可,对未通过认证/认可的项目必须有标注,结果仅供内部参考,以免超范围出具报告,同时对通过不同认证的项目(认证、认可或食品检验资质)可以通过方法定制分类标注实现检测报告上体现不同的认证/认可章;其次对检测项目按科室任务分配到每个人,并设置 A、B 岗,后期可导出表格作为人员上岗范围,检测人员接到分配项目任务后接受上岗培训,包括理论考试和实际操作考核,其在通过考核获得上岗资格后负责对项目进行方法定制,对检测原始记录格式进行审核。并同时指定专人负责对相关仪器设备基本信息、标准物质基本信息、检测方法和评价方法等信息库的维护,这样在定制方法时就能有效关联。在方法定制中要正确使用数据修约规则和法定计量单位,并统一检测结果报告格式。通过 LIMS 检测流程,使实验室检测能力范围、人员角色配置和权限设置、仪器设备维护、标准物质管理、检测和评价标准等更加清晰,控制更加严格,工作接口更加规范。

3. 体现人性化系统界面

系统界面包括样品录入界面和数据库维护界面等，其中样品信息录入是 LIMS 使用的第一个环节，也是合同评审和后期任务分配、记录生成和检测报告合成中相关基本信息的重要来源，疾控机构检测实验室样品类别有其复杂性和特殊性，为此合理设计录入界面不但可以提高录入速度和减少错误，还能满足不同类别样品信息录入需求。一般系统分为单样品和多样品录入界面，为了满足职业卫生资质认定评价报告的需要和艾滋病抗体检测从初筛到确诊完整流程，可以单独提出职业卫生和艾滋病抗体检测样品的录入界面，特别是职业卫生录入界面应按照《工作场所空气中有害物质监测的采样规范》(GBZ 159—2004) 的要求和后期加权浓度结果计算的需要，在对采样记录格式化的基础上将 LIMS 录入界面与之对应。结合检测协议的基本信息，合同评审员在录入的同时评审检测协议的完整性和合理性；系统数据库管理是一个动态的维护过程，必须随时更新和完善，数据库内容包括检测项目、人员培训、人员权限、仪器设备、标准物质、试剂消耗品、评价标准、检测标准、受控文件、收费标准、编号规则以及检测时效和电子签名等，可以充分利用已有的 LIMS 资源共享平台，提出需求并与供应商开发人员共同对管理流程和界面进行设计，在保证流程权限合理和界面直观的同时，可以通过检测流程控制数据的有效性，设置失效自动预警控制关联，同时可以生成仪器检定和校准计划、标准物质购买计划及流程环节相关记录。

4. 层层审核规范原始记录

原始记录是一种原始的观测记录，必须在工作进行时予以记录，保证其原始性，为此实验前生成的空白原始记录信息必须保证充分性、完整性和有效性（包括人、机、料、法、环、测），特别是与结果计算有关的所有信息全部要记录具体数值。在方法定制后必须通过审核才能使用；通过系统实现自动计算时，原始记录格式中计算公式描述必须和结果录入的表格完全对应，保证其复现性，使结果审核人可以对结果准确性进行审核；一旦检测结果被录入到 LIMS，数据将被"锁定"，任何对结果的改动都必须在保留旧结果历史记录的同时，可查看修改信息，包括修改人、修改理由及修改日期；对系统生成的电子原始记录，设置正确格式的同时，在记录审核时应对其生成的基本要素充分性、关联信息的有效性、结果表示的正确性和格式的规范性进行审核，以保证电子原始记录的有效性。

5. 建立规范的操作规程

根据开发商提供的 LIMS 说明书，检验检测机构要结合本单位二次开发后的检测流程和数据库管理要求，在修订质量管理体系文件（质量手册和程序性文件）的同时，制定详细的 LIMS 操作规程。为了便于查阅和使用，操作规程应按照角色进行编制，具体可以包括样品受理操作规程、检测人员操作规程、验证人员操作规程、标准物质管理操作规程、文件管理操作规程、系统维护操作规程等。其建立重点是让每个角色明确各自的职责和操作方法，并对关键点加以重点备注，这样不仅可以规范操作，还可以使大家尽快进入角色，掌握系统的操作方法。

6. 通过评估系统实现量化管理

围绕质量管理体系的质量目标，充分发挥信息系统建设的动态数据库作用，设计合理的监控流程和统计方式，从监控反馈中体现人力资源配置合理性、人员工作量分布、仪器设备使用率、样品类别比例比较、检测报告差错率、检测报告及时率、受控文件变更情况等，通过评估系统实现量化全面质量管理，以提高评估的及时性，反映质量管理体系运行的真实性，同时通过预测、优化、管理、调节和控制等手段来为管理者提供决策的数据依据。

(三)加强人员培训明确职责

LIMS通过各种数据资源库,整合相关资源和信息,实现在实验室内部信息的传递和资源共享并环环紧扣,为此整个系统的运转特别需要实验室每个成员的密切配合,充分发挥团队精神,有效消除信息流畅的人为障碍,实现LIMS实施过程中的无缝对接和平稳磨合,这就需要每个角色对系统有充分的理解。首先要争取高层领导的重视,从管理层的理念疏导着手,只有管理层有了充分的认识,才能有力推动LIMS的顺利运行;其次是对科室系统管理员进行系统培训,使他们对本科室的业务流程和使用方法有深刻的理解,这样才能带动其他人员更好更快地实施系统运行;再次对系统使用相关人员进行全员和分角色相结合的培训,使他们尽快进入状态,在理解自己职责的基础上掌握使用和维护方法;最后采取现场培训的方式,对涉及多个科室或互相协作的环节,分角色培训时也许会理解不到位,开发人员和信息管理员等一起在现场通过项目试运行对具体的操作及要求进行讲解,这样更有利于操作人员的理解和掌握。

(四)定期评审不断改进

随着检测流程的运行,为了保证检测质量,降低检测风险,必须对检测工作流程相关联的各个方面和生成的记录进行跟踪评审。

1. 数据库更新与验证

LIMS数据库的更新包括方法定制关联的标准物质和标准溶液配制有效期、仪器检定或校准日期、新进仪器维护、新项目人员上岗培训及任务分配。受控文件修订和技术标准变更后先由相关科室提出购买申请,质量管理部门购买后受控下发到相关科室,再由信息管理员对评价标准进行更新维护,由检测人员在新方法确认后定制系统新方法等,并使系统自动生成《数据库维护情况记录表》,其内容包括更新时间、数据库名称、所在类别、变更前内容、变更后内容、操作人员等，以便质量管理部门跟踪验证。

2. 内部审核方法

系统运行后要将LIMS纳入实验室质量管理体系，并在规范计算机管理程序的基础上对系统进行有效性评审，其包括以下几个方面。

①安全性评审：人员权限设置的合理性，数据库和检测数据修改后溯源性，数据备份的及时性等；

②保密性评审：结果浏览和报告打印等权限控制严密性，对客户信息浏览权限设置有效性；

③数据库有效性评审：仪器设备、标准物质和检测标准等关联数据库的有效性；

④数据的完整性和准确性评审：检测流程中数据修约的准确性，检测数据报告和单位的合法性，数据修改后是否可对修改原因、修改人、修改时间溯源；

⑤记录的规范性评审：电子原始记录信息和格式的合理性，检测报告信息和格式的完整性。

评审的方式可以是专项评审，也可以融合到质量体系内部审核中。每次评审必须有详细的记录，对不符合项要提出改进并及时跟踪验证。

3. 不符合项改进

在内部审核和运行过程中发现的不符合项一般可分为三类，一是系统功能不全引起的错误，使用单位自己无法解决，需要开发商对系统进行完善；二是系统运行时由于操作错误等原因造成未能按照要求生成正确结果，经过使用单位或开发商查找原因加以纠正；三是系统维护或人员培训不到位引起的记录或报告出现错误，经过使用单位查找原因,并现场指导加以纠正。纠正后的关键是要对改进或预防措施进行有效性跟踪,举一反三,只有这样才能使系统不断完善。

第四节　信息管理系统设计与应用

本书利用软件工程的方法,结合 VB.NET 编程技术和 SQL Server 数据库技术,采用 C/S 模式开发检测实验室信息管理系统,可实现检测实验室的高效管理。

一、信息管理系统设计

(一)信息管理系统需求分析

根据《检测和校准实验室能力认可准则》对检测实验室的要求,并结合检验检测机构的实际情况,进行信息管理系统需求分析。检测实验室的主要职能是以客户需求为中心,为客户提供准确、可靠的检测数据和结果。实验室的日常管理涉及人(人员)、机(设备)、料(样品、消耗性材料、试剂)、法(方法、抽样)、环(环境、设施)与测(数据核查)等要素。因此,检测实验室管理系统应包括人员管理、仪器管理、样品管理、试剂管理、耗材管理、文件管理与数据报告等。系统用户可分为文件管理员、业务及样品管理员、仪器管理员、试剂管理员、耗材管理员、检验员、部门管理人员及系统管理员等。

（二）信息管理系统功能结构

信息管理系统功能包括文件管理、业务与样品管理、试剂与耗材管理、检验、综合信息管理与系统管理等。

1. 文件管理模块

文件管理模块即实验室文件信息库，其方便对文件的增添、查询、更新等。文件属性信息包括文件编号、名称、来源、版本、收到或生效日期、所在文件夹编号、文件柜编号、借阅状态与附件等。当产生新的文件时，文件管理员应新添文件信息；需要查阅时，输入文件关键词，信息管理系统就可检索到具体的文件，并显示出此文件存放的"文件柜号"和"文件夹号"。如需借阅，再进行借阅登记，文件管理员修改文件的借阅状态并添加借阅人。此模块还可实现电子文档的上传与下载，方便实验室内部电子文档的共享。

2. 业务与样品模块

业务受理员根据客户填写的委托检验单，制订样品检验计划，经技术负责人审核后，通知检验员完成检验，并对样品的检验进度进行实时查询。检验员根据检验计划，在规定的时间内完成检验。业务统计模块根据系统数据库已有信息，可按时间、检测项目与人员对检测工作量进行统计，为实验室日常管理提供参考依据。样品管理员负责样品信息的添加、修改与查询等。

3. 试剂与耗材管理模块

该模块下设基础信息库、入库与领用、统计报表及采购管理，具有入库登记、领取登记、库存量实时查询、使用量统计、自动预警、需求量上报与汇总等功能。基础信息库包含试剂与耗材的基本信息，由试剂与耗材管理员在试剂、耗材入库前创建。入库与领用模块主要实现试剂耗材入库及领用信息的添加、查看、导出、修改和删除。统计报表包括消耗量统计与库存统计，可实现按时间、试剂、人员与检测项目等进行多方面的统计。采购管理模块包括采购申请及供应商名录信息，具体工作流程如下：检验员根据以往经验及工作需求提出采购请求，部门管理人员审核，制订采购计划，并根据供应商名录确定供应商等工作完成试剂、耗材的采购。该模块管理员在试剂、耗材入库前将待入库的试剂或耗材的基本信息录入基本信息表，入库后登记入库表；检验员领用前，登记领用表（系统显示状态为申请待领用），领用时由管理员审核，并修改领用状态，提交后，信息管理系统自动计算并显示相应试剂或耗材的库存量，同时将库存量保存至库存表。试剂与耗材管理员每次登录系统时，系统会自动进行库存量和有效期检查，将现有库存量与最低库存量比较，当前日期与有效使用截止期比较，并将结果反馈给试剂与耗材管理员。对试剂管理而言，以往管理模式容易产生的问题包括因试剂库存不足而影响检测进度；因试剂失效影响检测质量。该模块的管理模式能够很好地预防以上问题的发生。

4.样品检验模块

该模块主要实现样品检测项目原始数据的采集、计算、结果的查询、检验报告的生成与打印等。检验员将检验原始记录录入或导入信息管理系统，信息管理系统根据预设公式计算出检验结果，并对平行测定的样品计算差值，然后与标准比较，若差值不符合重复性要求或结果不在常规范围内，信息管理系统给出提示；若符合要求，信息管理系统将数据提交，并修改样品的检验状态。检验报告是检测实验室为客户提供的最终产品。能否出具准确、及时、规范的检验报告反映出实验室的检测与管理水平的高低。以往人工出具检验报告具有步骤烦琐、容易出错、效率低等不足，现有系统能够整合样品、检验结果等信息，并根据预设的检验报告样式出具准确、规范的检验报告。

5.综合信息管理与信息管理系统管理模块

综合信息管理模块包括人员基本信息、培训记录、消息收发、仪器管理等。其中,仪器管理模块包括仪器信息库、维护记录、仪器预约等。仪器管理员负责对仪器信息进行更新。对于贵重仪器使用,仪器使用人要提前通过信息管理系统提出预约申请,信息管理系统根据仪器现有使用及预约情况做出反馈。信息管理系统管理模块实现的功能包括用户信息的添加、删除、修改,用户权限、数据库备份等。

(三)数据库设计

数据库设计对整个信息管理系统开发来说非常重要。数据库结构将直接对应用信息管理系统的效率以及实现的效果产生影响。要根据信息管理系统需求设计数据库。

二、信息管理系统实现与应用

(一)实现方法

信息管理系统前台程序设计采用 VB.NET 语言,后台数据库采用 SQL Server 技术,利用 SQL Connection 对象与数据库连接。系统涉及的各类报表利用水晶报表来实现。

在用户权限管理方面,采用基于角色的访问控制 (RBAC),根据"用户—角色—权限"的授权模型对用户进行权限控制,设置基本权限、高级权限、系统管理员权限。不同角色的用户系统权限不同,登录系统后显示的功能菜单不尽相同,可有效防止非授权操作。

在防止用户误操作方面,信息管理系统采用检查—执行—检查的机制。当用户向信息管理系统输入信息时,进行有效性验证,包括字段类型验证和含义验证,如将一些文本框限制输入整数型或日期型。指令执行后,对返回结果进行含义检查,如在检验项目模块,系统计算后的结果超出常规范围，则进行异常值提示，以便用户进一步核对数据。

（二）应用简况

信息管理系统使用频率较高，在实验室日常工作中发挥着重要作用。从信息管理系统运行的效果来看，该系统较传统的管理模式有很大改进，且系统界面友好，操作简便，能够满足检测实验室目前的工作需求。其较以往工作方式的改进主要体现在管理的信息化与自动化方面。信息化表现为查询检索效率的提升。以试剂、耗材管理为例，以往纸质管理模式很难做到实时查询库存量，且实现成本较高，而现行 LIMS 模式能够容易解决查询困难问题。自动化表现为计算的自动化。以原始检测记录为例，以往需要检验员使用计算器或 Excel 计算，效率较低，同时存在信息共享不便的问题，而现行 LIMS 模式将计算公式内置到系统中，并且授权用户可方便核查数据。

检测实验室信息管理系统的应用对实验室自身管理与发展十分必要，它提高了检测实验室工作效率和管理水平。随着新技术的应用，该系统可通过结合其他技术进行进一步扩展，以适应检测实验室管理的新需求。

第五章 检验检测机构质量管理优化策略

第一节 质量管理研究

一、现状与面临的改革形势分析

（一）第三方检验检测机构现状——以第三方环境检测机构为例

为了积极培育和引导社会环境检测力量，近年来政府已经出台了不少文件，鼓励和支持第三方检验检测机构的发展，第三方环境检测机构如雨后春笋般成立，规模参差不齐。如今，第三方环境检测机构已逐步进入环境监测市场，如何加强对第三方环境检测机构的质量监督、确保其监测工作的质量成为环境监测市场化管理的一个重要工作。

第三方环境检测机构是社会化运作的企业，大部分把经济效益放在首位，根本目标之一就是追求利润的最大化，这就决定了他们在承接环境监测业务的活动中自身利益与社会公众利益的冲突，他们往往可能只从经济角度考虑开展业务，有可能出现价格恶意竞争严重，而忽视监测质量的情况。例如，在现场监测过程中为节省成本，不按照规范要求，减少采样时间和频次，不在规定地点采样或监测，使用不合格的仪器或试剂进行测定，更有甚者自行编制数据等。再例如，一些建设项目竣工环境保护验收、污染纠纷仲裁监测等检测工作如果全部交于第三方环境检测机构负责组织实施，由于这些监测关系到各方利益，社会关注度高，如果一旦出现第三方环境检测机构受经济利益驱使，导致监测数据失真或遭到篡改，监测活动将失去公正性，政府的公信力也将蒙受损失。

（二）面临的改革形势

检验检测行业目前迫切需要建立社会化检测机构质量监管机制，规范第三方检验检测机构的行为，使一批技术和管理先进、检测能力雄厚的第三方检验检测机构成为政府公共检测事业的补充和帮手。政府有关部门在借助第三方检验检测机构开展工作时，也要加强对其的监管。例如，基于一些潜在风险，又考虑到目前形势的发展需求，当第三方检验检测机构参与环境检测活动后，应采取由当地环境监测系统进行全程控制的管理模式。

二、对第三方检验检测机构的监督管理方法

（一）对第三方检验检测机构基础资质的检查

第三方检验检测机构基础资质是他们赖以运行和开展业务的基石，只要其中一项不符合，就说明这个检验检测机构不能正常合法开展业务。质量管理机构主要检查以下几项内容：第三方检验检测机构法人性质、注册资金、产权构成以及组织结构；检测实验室是否依法通过资质认证获得国家或省级《资质认定计量认证证书》，是否具备完善的检测质量管理体系，是否具备与开展检测业务相适应的检测项目和能力；所有检测技术人员是否取得省环境保护行政主管部门颁发的《社会环境检测机构技术人员上岗考核合格证书》；专业技术人员的数量是否与开展的环境检测业务工作相适应；申请检测机构人员组成情况是否合理（人员上岗证编号、职称、学历、劳务合同和合同期间社保证明等）；其是否具备承担相应环境检测活动所需的工作场所、设备和设施；检验检测机构是否具备完善的环境检

测技术服务质量管理体系和管理制度；能否有效运行质量保证与质量控制制度。

(二) 对第三方检验检测机构内部管理的监督

首先，质量管理机构要检查第三方检验检测机构近三年的能力验证材料，能力验证是生态环境部确定实验室进行某项检测或测量能力的活动，是为确保实验室维持较高的检测水平而对其能力进行监督和确认的一种验证活动。能力验证是判断实验室能力的有效手段，它不仅有利于实验室的自我评定和自我完善，也可作为质量管理机构对第三方检验检测机构技术能力进行评价的一种手段。如果第三方检验检测机构没有参加能力验证，质量管理机构可以要求其必须参加规定领域和规定项目的能力验证，促进第三方检验检测机构通过外部措施补充质量控制方法技术水平，保证其检测数据更具有准确性。

其次，质量管理机构可以检查实验室的近期内审和外审报告，内审主要是检查实验室质量管理体系文件的执行情况，评估质量管理体系的有效性、适宜性、充分性，验证质量活动和有关结果是否符合组织计划的安排，确认组织质量管理体系是否被正确、有效实施，内审对纠正措施的实施过程跟踪控制比较及时有效，而且能将有效部分纳入档案文件；外部审核是资质认证部门对组织质量管理体系进行评价的工具，用来评价该企业质量管理体系内的各项要求是否有助于达成组织的质量方针和质量目标，并适时发掘问题，采取纠正与预防措施，为被审核部门或人员提供质量管理体系改进的机会，以确保组织质量管理体系得到持续不断地改进和完善，从而使企业的各项管理顺畅，具体来说就是检验第三方检验检测机构体系的完整性、完备性，各个文件是否一致，有无互相矛盾。

最后，质量管理机构要查看第三方检验检测机构近三年环境检测业绩情况。因此就实验室本身而言，是否有能力向社会出具准确、可靠、及时的检验报告，并得到社会各方面的信赖和认可，已经成为其能否适应市场经济需求的核心问题。从检测公司承担的历史业务中，人们可以看出该公司的能力被社会认可的情况，如果其承接的项目经受住了市场的考验、提供了优质的服务受到了客户的好评，那么也从一个角度说明了该公司的实力和潜力。

（三）对第三方检验检测机构承担监测业务的监督

第三方检验检测实验室主要是接受委托人委托的检测业务，按照规定的检测方法和约定的要求完成检测工作，当质量管理机构要针对某一次监测业务进行质量监督，那么可以通过以下手段进行。

1. 检查仪器设备

仪器设备是环境监测工作中的重要工具，也是保障环境监测"产品"质量的保证。因此，检验检测机构应严格按照监测标准和方法，选用相应的仪器设备，并要加强仪器设备的维护和管理，以确保其处于正常可用状态，以保证环境监测数据的准确性和有效性。当质量管理机构发现检验检测机构仪器设备出现操作不当，或有缺陷时，则要停止使用，责令其换用符合要求的仪器。

2. 现场飞行抽查

质量管理机构可对检验检测机构进行现场飞行抽查。如果现场发现一些可立即纠正的问题，质量管理机构可以要求检验检测人员立即纠正；如果现场发现一些严重性问题，质量管理机构可要求立即停止检测活动，待第三方检验检测机构整改到核查合格后方可继续检测工作。

3. 样品实验室间比对、密码平行及加标

质量管理机构对承担检测任务的机构，可随机抽取样品进行实验室间比对、密码平行及加标。这既是最常规的质控手段，也是最直接验证检验检测机构数据准确性和精密性的手段,如果实验室间比对、密码平行及加标不达标,质量管理机构可以要求检验检测机构停止检测工作直至找出问题整改到位,并将原数据作废,重新检测此次任务,直到符合质控要求。

4. 检验检测原始记录

检验检测机构都应根据检测活动形成相应完整的原始记录,其中包括现场记录、样品交接记录、分析记录等,根据记录还要溯源涉及的采样分析人员的持证上岗情况,如果出现记录不完整、不规范或无证人员上岗的情况,那么此次检测数据的合理合法性就无从保证。质量管理机构必须要求该企业进行整改,复查合格后方可继续委托检测工作。

5. 检验检测报告

第三方检验检测机构其最终产品是检测报告。检测报告中引用的相关技术标准、结果报告值与标准中规定的小数位是否保持一致,是否使用法定计量单位,结论用语是否科学合理等都决定了检测报告的规范性、系统性,而检测报告的质量,直接关系到监测数据的有效性。例如,执法部门在对社会和企业污染治理质量进行评价时,均以检测报告作为依据,如果报告质量未能得到保证,数据不准确,结论不科学,都会给执法部门带来误导等严重后果。

总之,加强对第三方检验检测机构的质量监督是环境监测市场化的必需工作。目前监测市场中存在很多第三方检验检测机构,迫切需要建立社会化环境检测机构环境质量监管机制,规范第三方检验检测机构的检测行为。环境监测部门作为质量管理机构,要用好质量管理手段,在加强行业监管的同时,规范行业竞争,真正使一批技术和管理先进、检测能力雄厚的第三方检测机构成为政府公共检测事业的补充和帮手。

第二节　质量管理优化对策
——以环境监测质量管理为例

现如今，环境保护已经成为全球关注的焦点。而环境监测质量管理也越来越受到人们的关注，对于我国来说，防控和加强环境监测质量管理，能够保证我国经济、环境的可持续发展，为我国社会主义发展，提供良好的环境基础。良好的环境监测质量管理，能够在提高环境监测质量的同时，不断提高环境质量监测水平和科技含量，进而有效推动我国环境监测质量管理。

一、环境监测质量管理现状

（一）环境监测质量管理制度落后

现如今，我国实施的环境监测质量管理制度，仍然停留在1991年的相关规定，然而随着我国环境监测的不断发展，其在监测质量和监测技术等方面都与之前存在较大的差异，这就导致1991年的管理制度已经不适用于现在的环境监测质量管理的需求。有关部门需要针对当下的监测水平与监测范围，制定与之相适应的管理制度。

（二）环境监测质量管理体系落实不到位

目前，我国在环境监测质量管理中的工作内容较为传统，因此工作人员对于环境监测质量管理体系的认知度相对较低，这就导致我国环境监测质量管理内部人员的自我提升意识较差，不能够与时俱进。具体到环境监测质量管理体系中，其与基层环境监测的成果关系紧密，而由于人员管理体系认识缺失，就会直接影响其管理体系的建立，即使建立了相应的管理体系，其人员配合和管理不足，就会导致体系之间链接中断，不仅不利于环境监测质量管理体系的建立，而且不能充分利用现代资源。

（三）环境监测质量管理保障措施不够完善

随着有关部门对环境监测质量管理的不断重视，有关于环境监测质量管理保障的措施也越来越完善，然而在其保障措施中，仍然有一些不足之处。例如，人力资源力量不足、监测技术与监测设备落后、资金不到位等问题。具体而言，人力资源的不足主要是缺少专业的监测技术人才；物质保障主要是监测设备相对落后，已经不能够适应现代化的信息技术发展。同时，资金不足也是阻碍我国环境监测质量管理保障实施的主要问题。

（四）环境监测质量管理监督不到位

对于环境监测质量管理而言，其涉及的监测范围较大，监测质量标准复杂等特殊性，导致相关监督部门的监督困难、监督不及时、无人监督的现象较为普遍。而且各个相关部门之间缺乏有效的沟通，部门之间不能形成完善的监督体系，造成监督缺失、监督机制名存实亡，严重影响了环境监测质量管理的有效性。

二、完善环境监测质量管理的对策

（一）完善环境监测质量管理相关制度

有关部门要结合当下环境监测质量管理的实际情况，制定与之相适应的管理制度，如合理去除一些已经不再适用的管理条例，加强对空气监测质量、水体监测质量管理方面的监管，尤其是近年来雾霾监测质量的管理。并积极吸纳群众意见，不断完善和补充整理成文，通过新闻媒体、官方微博等途径，颁布新的环境监测质量管理制度。

(二)强调环境监测质量管理体系的认知度

首先,不断加强工作人员的管理体系认识,从而提升自身的素质,积极参与到环境监测质量管理体系中,做好基础监测工作;其次,完善环境监测质量管理的队伍建设,在提高员工素质和专业水平的同时,鼓励和引导各部门员工相互协作,共同配合,形成完整的管理体系。

(三)加强环境监测质量管理的监督机制

第一,加强监督队伍建设。根据环境监测质量管理的相关制度,明确各监督机构的职责与责任,并明确各岗位人员的岗位要求,从上至下加强对环境监测质量管理的监督;另外,培养新生力量,吸引和培养高效、专业的应用型人才,明确工作目标、落实情况、反馈等,全面加强监督队伍建设。

第二,完善环境监测质量考核的监督。对于现有的环境监测质量管理工作,建立相关的监测质量管理考核,从监测技术、质量标准、质量巡查、监督反馈等方面,全面考核,重点监督。

(四)完善环境监测质量管理保障措施

首先,人力资源保障。加强内部人员培训,各监测站之间应该积极组织员工培训,提高员工监测和理论知识水平,同时重视监测站之间的相互交流,尤其是监测技术方面的探讨;积极聘请高学历、高素质的专业人才,不断增强人才储备建设。

其次,物质保障。引进现代化的监测仪器,提高监测技术,并将先进的环境监测技术进行广泛的推广,弥补传统监测质量管理中的不足。

最后,加强资金保障力度。针对环境日益恶化的现状,尽管政府部门已经投入了大量的资金,但是仅仅能够维持现有环境监测质量管理的日常工作，其在监测技术提升、设备更新等方面的资金相对欠缺，因此有关部门必须不断地增加资金投入，为环境监测质量管理提供源源不断的资金保障。

现如今，环境监测质量管理中的问题越来越突出，尤其是管理体系、监督机制以及保障措施等方面的问题，这就需要相关部门不断加强对环境监测质量管理工作，从人才队伍建设到管理保障措施，都要在保证监测质量的同时，不断的优化环境监测质量管理体系，推动我国经济长期稳定可持续发展。

参考文献

[1] 薛华成. 信息管理系统 [M]. 5 版. 北京：清华大学出版社，2007.

[2] 王群. 实验室信息管理系统——原理、技术与实施指南 [M]. 2 版.哈尔滨：哈尔滨工业大学出版社，2009.

[3] 吴邦灿，李国刚，邢冠华. 环境监测质量管理 [M]. 北京：中国环境科学出版社，2011.

[4] 张金城，李庭燎，沈静秋. 信息系统绩效评价与审计 [M]. 南京：东南大学出版社，2014.

[5] 王松武.论实验室的设计与建设 [J].实验技术与管理，2004(5)：138-141.

[6] 钟步云，杨大干，杨荣伟. 条形码技术在临床实验室中的应用 [J].临床检验杂志，2004(1)：63-65.

[7] 邢根溪，潘蕾. 浅议实验室标准化建设的思考 [J]. 实验室研究与探索，2005(5)：87-89.

[8] 石玉玲，李林海，徐德兴，等. 包含条形码的全信息彩色标签技术在检验科信息管理中的应用 [J]. 中华检验医学杂志，2005(6)：652-653.

[9] 丛玉隆.加强检验科与临床交流促进检验科与临床结合[J].中华检验医学杂志,2006(1):2-5.

[10] 李春萍.理化检测实验室标准物质的控制与管理[J].检验检疫科学,2008(2):36-38.

[11] 陈建芸,石玉玲,李林海.条形码自助取单系统的临床应用[J].生物技术通讯,2008(5):713-714.

[12] 王研,苏炜焕,刘小华.水利行业实验室标准的管理[J].水利技术监督,2008(6):32-33.

[13] 袁芳,沈立强,戚丽,等.运维服务管理标准在高校的应用研究[J].实验技术与管理,2008(7):10-13.

[14] 彭实,田曙坚,吴良莉,等.关于学校化学教学实验废液量及废液管理状况的调研报告[J].环境保护科学,2009(6):14-15.

[15] 赵四清.高等级生物安全实验室设计和建设的思考[J].医疗卫生装备,2009(3):40-42.

[16] 韦久玲,何苏勤,蒋文春.实验教学网络管理系统的设计与应用[J].实验技术与管理,2009(4):209-211.

[17] 李伟民.浅议产品质量检验机构的"产品"质量保证措施[J].大众标准化,2009(S2):24-25.

[18] 黄钺.验收在医疗设备管理中的地位[J].医疗装备,2009(6):39-40.

[19] 王新哲.多语种商务信息实验室的规划和建设[J].广西民族大学学报(自然科学版),2009(4):114-117.

[20] 袁继红,骆汉生.贵重医疗仪器设备验收管理探讨[J].医疗卫生装备,2010(4):72-73.

[21] 李丽花,刘立捷.生化检验标本分析前的护理质量控制[J].医学信息,2010(1):156-159.

[22] 何宝燕，万雨龙，张娜，等．建立实验室标准体系，促进环境科学学科发展[J].实验技术与管理，2011(2)：188-190.

[23] 胡曦明，董淑福，郭荣平，等．新型分布式网络工程实验室的设计与建设[J].实验室研究与探索，2011(10)：183-186.

[24] 李庆立．浅谈设备开箱验收[J].科技风，2011(11)：177.

[25] 余蔚旻．医院设备科设备验收工作的要点分析[J].当代医学，2011(23)：32-33.

[26] 周春龙．LIMS质量信息管理系统在制药行业的应用与发展[J].信息与电脑（理论版），2011(12)：47-48.

[27] 王成，蒋祖跃，卢才华，等．核电厂实验室标准管理体系的建立及运行[J].现代测量与实验室管理，2012(1)：36-39.

[28] 王辉，李秀杰，董晶．理化实验室的设计与建设[J].化学分析计量，2012(4)：90-93.

[29] 沈荣静，高兴凯．能力验证在产品质量检验机构中的应用[J].科技创新导报，2012(3)：239.

[30] 刘振伟．检测实验室"三合一"认证认可的探讨[J].实验室研究与探索，2013(5)：219-221.

[31] 张文亮，陆家榆，赵鹏，等．电力系统电磁兼容实验室设计与建设[J].电网技术，2013(6)：1520-1525.

[32] 刘铁兵，汤黎明，吴敏，等．医疗设备引进过程中验收环节的管理[J].医疗卫生装备，2013(6)：114-115.

[33] 郭海霞，张振平．产品质量检验机构在企业质量管理活动中的作用[J].企业改革与管理，2014(5)：15.

[34] 余勇．工业企业质量管理活动中产品质量检验机构的作用[J].科技风，2015(2)：267.

[35] 杨乾龙，柴毅，严薇，等．大型仪器设备购前技术论证工作

探索[J].实验室研究与探索,2016(11):273-276.

[36] 杨榆泉.实施"三合一"体系管理,提高企业精细化管理水平[J].经济管理(文摘版),2016(5):82.

[37] 赵美琳.基于IT BSC-ANP的信息系统应用绩效评价研究[D].北京:北京交通大学,2010.